La digue des veuves

Rescapée de l'enfer des Khmers rouges

Denise Affonço

La digue des veuves

Rescapée de l'enfer des Khmers rouges

Préface de David Chandler

ÉDITIONS FRANCE LOISIRS

Ouvrage réalisé sous la direction éditoriale d'Alain Noël

Édition du Club France Loisirs,
avec l'autorisation des Éditions Presses de la Renaissance

Éditions France Loisirs,
123, boulevard de Grenelle, Paris
www.franceloisirs.com

ISBN : 978-2-298-01034-3

À ma fille Jeannie

CARTE DU CAMBODGE

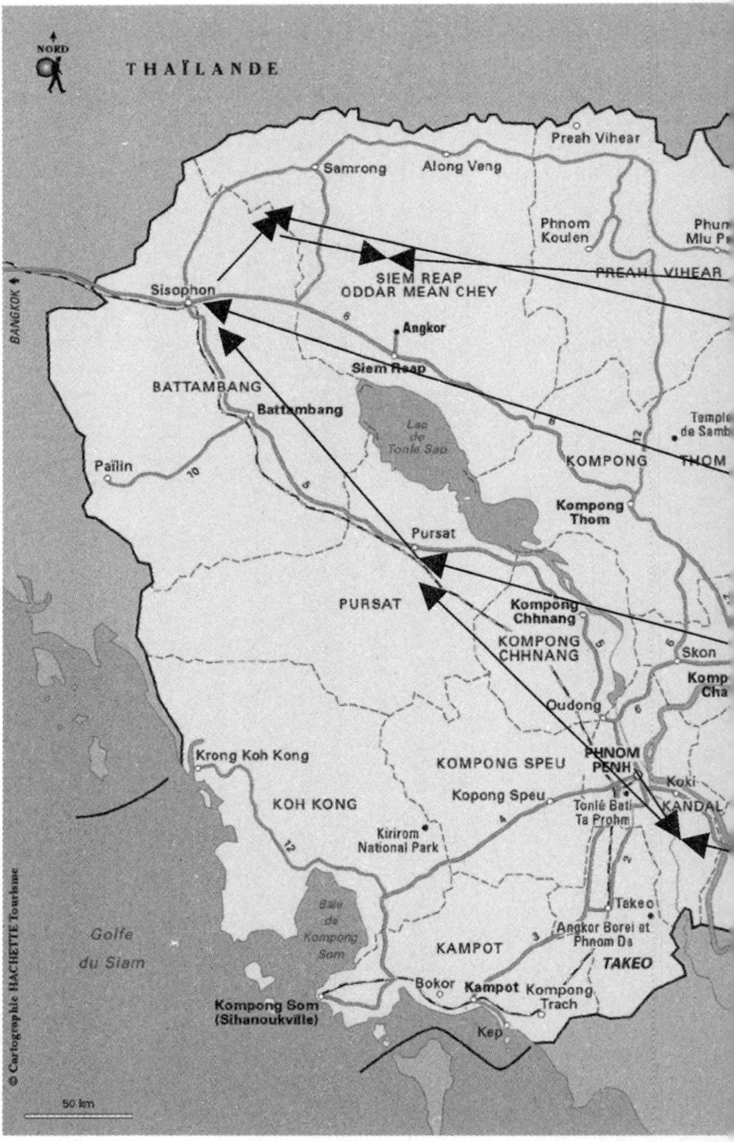

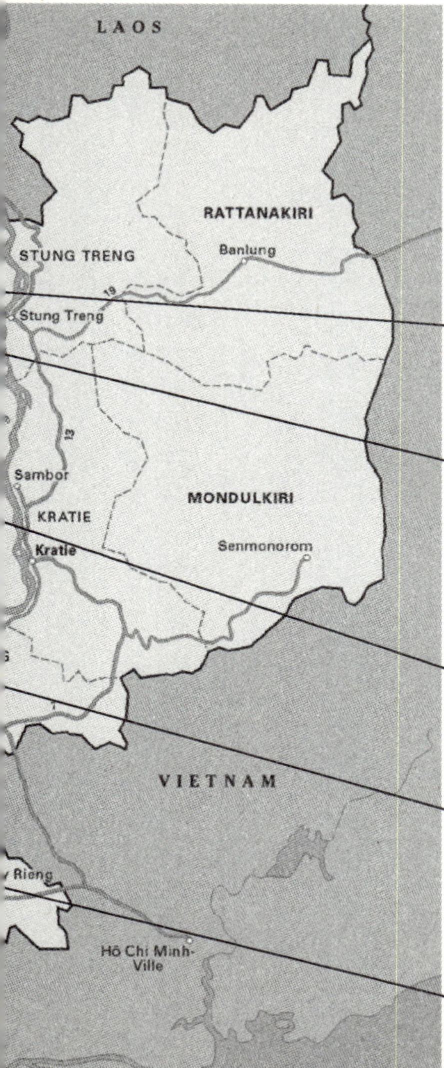

A l'arrivée des Vietnamiens en janvier 1979, les survivants sont évacués sur la ville de *Siem-Réap* par les soldats vietnamiens

De *Svay Sisophon* à *Phnom-Leap*, les réfugiés sont transportés en tracteurs, puis à pieds jusque dans les montagnes.

Après 2 jours à *Pursat*, des trains de marchandises transportent les réfugiés à *Svay Sisophon*.

De *Koh Tukveal* à *Pursat* dans le nord-est du pays, les réfugiés sont transférés par camions militaires, un voyage de 10 heures sans arrêt.

1er camp : de Phnom-Penh à *Koh Tukveal* – une île située au sud du pays sur l'un des bras du Tonlé-Sap. Ici est fait le 1er tri où tous les hommes sont arrêtés et tués.

Avant-propos

Le 7 janvier 1979, l'armée vietnamienne entre à Phnom Penh et libère le Cambodge du joug des Khmers rouges : le pays sort de quatre années d'horreur.

Vers la fin du même mois, moribonde, décharnée, plus morte que vive, je réussis à m'enfuir, soutenue par mon jeune fils, de la jungle où tout le reste de ma famille et plus de deux millions de Cambodgiens ont péri. Cela fait quatre ans que je me nourris de cafards, de crapauds, de rats, de scorpions, de sauterelles et de termites pour calmer mon estomac affamé par le régime forcé des Khmers rouges, quatre ans que je vais nu-pieds par tous les temps dans la boue des rizières pour labourer, semer, repiquer et moissonner, creuser des fosses ou construire des digues, avec tous les matins juste quelques grains de gros sel accompagnés d'eau froide dans l'estomac en guise de petit déjeuner, le corps gonflé d'œdèmes, enfiévré par le paludisme, avec interdiction absolue de me plaindre et de pleurer mes morts…

Enfin libre, je traîne mes trente kilos jusqu'au village le plus proche où des soldats vietnamiens, libérant le secteur, nous emmènent jusqu'à Siem Reap, une province située au nord-ouest du Cambodge. Les réfugiés exilés dans cette région y sont soignés dans un hôpital de fortune. Un médecin-officier vietnamien me demande alors d'écrire le récit de tout ce que j'ai vu et vécu ; ce texte servira plus tard de témoignage à charge dans le procès organisé par le gouvernement khmer pro-vietnamien pour juger par contumace Pol Pot et ses sbires.

Dès que je suis à peu près rétablie, je cherche à quitter au plus vite les lieux maudits du crime organisé, et réussis à regagner le pays de mon père, la France.

Depuis 1980, par crainte des représailles et par manque de temps puisqu'il m'a fallu repartir de zéro une fois arrivée en France, je n'ai pu reprendre mon témoignage de ces quatre années de bagne. Un jour, dans le cadre de mon travail, je rencontre un universitaire européen avec lequel je m'entretiens de la question des génocides à travers le monde, et j'évoque le cas du Cambodge. L'air contrarié, l'éminent professeur m'interrompt et me dit sèchement qu'il n'y a jamais eu de problème cambodgien : « Je ne comprends vraiment pas pourquoi on parle toujours du génocide khmer. Les Khmers rouges n'ont fait que du bien à leur pays. J'ai visité Phnom Penh en 1978, et tout était normal, les Cambodgiens vivaient heureux et en parfaite santé. » Scandalisée par de telles affirmations, je lui réplique sèchement : « Professeur, moi aussi j'étais sur place, pas en 1978 mais d'avril 1975 à janvier 1979, pas à Phnom Penh mais dans les forêts où nous étions déportés et traités comme des animaux ! Les Khmers rouges n'ont tenu aucun compte de ma nationalité française, et m'ont envoyée aux travaux forcés ; je suis restée bloquée dans l'enfer pendant quatre ans ! » L'homme reste bouche bée et ne dit plus mot.

Comment une tête pensante d'un tel niveau a-t-elle ainsi pu se laisser manipuler ? Après cet incident, je me rends compte qu'il me faut absolument prendre mon courage à deux mains et remettre noir sur blanc cette lente descente aux enfers subie pendant quatre années, afin de combattre les thèses négationnistes de certains intellectuels qui ne manquent pas d'affirmer que le régime de terreur khmer rouge n'a jamais existé, pour que cette période macabre de l'histoire cambodgienne ne tombe pas dans l'oubli.

Je relis donc mes notes écrites en état de choc à Siem Reap, je plonge avec douleur dans les souvenirs d'un passé cauchemardesque, et j'y mets un peu d'ordre...

Je dédie cet ouvrage à ma fillette de neuf ans morte de faim et à tous les êtres chers disparus ou restés enterrés « quelque part, là-bas, au fin fond d'une jungle inhospitalière ».

Préface

Le 17 avril 1975, des milliers d'insurgés Khmers rouges marchaient sur Phnom Penh (Cambodge), mettant fin aux cinq années de guerre qu'ils menaient, souvent avec l'appui des Vietnamiens, contre la république khmère pro-américaine corrompue et condamnée. Dans les jours qui suivirent, tous les habitants de la ville – y compris l'auteur de ces intéressants mémoires – furent évacués vers la campagne. Des haut-parleurs leur demandaient de retourner aux travaux des champs. Dans l'exode, des milliers d'entre eux moururent et des milliers d'autres furent séparés de leur famille.

À compter de ce jour, la vie de chacun dans le pays ira de mal en pis. La nation entière sera soumise à la révolution marxiste-léniniste la plus rapide et la plus radicale jamais connue dans l'histoire du monde. Les chefs Khmers rouges, dont la plupart avaient fait leurs études en France, se vantaient qu'il n'y avait point d'exemple de ce qu'ils étaient en train d'entreprendre. Se nommant eux-mêmes « organisation révolutionnaire » (angkar padevat), *ils abolirent l'argent, les pratiques religieuses, les marchés, la vie urbaine et l'éducation. Ils obligèrent les gens à porter les vêtements des gens de la campagne et interdirent de parler une autre langue que le khmer. Appelés « nouveaux peuples » (ceux qui n'ont pas subi la révolution et qui sont restés en ville pendant la guerre civile), les réfugiés sont maltraités ; les Khmers rouges leur font comprendre que leur vie vaut moins qu'une balle pour les tuer et leur répètent inlassablement : « Vous garder ne rapporte pas, vous tuer ne sera pas une perte. » Pendant que ce régime violent, utopique et anonyme déchirait le Cambodge, deux millions de personnes mouraient de faim, de surmenage, de maladies non soignées, ou exécutées.*

Plusieurs survivants du terrible régime Khmer rouge ont écrit leurs mémoires, mais le témoignage de Denise Affonço revêt un intérêt particulier et une valeur spéciale. La qualité de cet ouvrage vient du caractère unique de l'autobiographie de l'intéressée qui a su retracer le parcours exceptionnel et fabuleux de sa vie entre

1975 et 1980 ; l'auteur raconte, avec pudeur et clarté, son expérience vécue sous les Khmers rouges et durant les onze premiers mois de l'occupation vietnamienne.

Le régime s'effondre à la suite de l'invasion vietnamienne en janvier 1979. Les pages qui décrivent les onze mois suivants sont intéressantes, car parlant couramment le vietnamien, Denise Affonço peut trouver presque tout de suite du travail utile, d'abord à l'hôpital de Siem Reap puis plus tard au nouveau ministère de la Santé à Phnom Penh. Les Vietnamiens l'encouragent à écrire sa vie sous le joug des Khmers rouges. En août 1979, elle est un témoin éloquent au « procès spectacle » organisé par les Vietnamiens pour juger Pol Pot et Ieng Sary qui sont tous deux condamnés à mort par contumace.

C'est un honneur et un privilège pour moi de présenter ce livre fort et émouvant à un large public. Il y a quelques années, au cours de mes recherches, j'ai rencontré Denise Affonço à Paris et l'ai interviewée sur son expérience sous le régime des Khmers rouges. Son histoire me fut utile pour le livre que j'ai écrit sur le passé récent du Cambodge. Mais ces mémoires qui vont plus loin, et sont écrits dans un style élégant et accessible, constituent un témoignage convaincant, à travers les souffrances intolérables de l'auteur, non seulement sur cette période atroce de l'histoire cambodgienne, mais aussi sur la ténacité et l'honnêteté de la courageuse survivante.

David CHANDLER
Professeur émérite d'histoire
à la Monash University de Melbourne

Ma jeunesse au pays de la douceur de vivre

Eurasienne, née à Phnom Penh en novembre 1944 d'un père français et d'une mère vietnamienne, je suis un pur produit du colonialisme.

Mon père, Maurice Lucien Affonço, avait vu le jour à Pondichéry, alors comptoir français, ce qui explique sa nationalité. Mais ses origines étaient très métissées, et si un ancêtre portugais lui transmit son nom, un aïeul hindou lui donna indubitablement son teint de peau, brun chocolat. D'un premier mariage avec une Alsacienne, décédée de dysenterie amibienne en 1931, il eut trois enfants : deux garçons, Henri et Bernard, qu'il envoya en France pour poursuivre leurs études supérieures, et une fille, Lydie, qui étudiait au lycée français de Dalat, au Vietnam.

Recruté par le ministère de la Culture, mon père arriva au Cambodge en 1921 en qualité de directeur de l'École de Marbre à Pursat. En mars 1945, sous l'occupation japonaise, il fut interné comme tous les Français dans les camps de concentration. À la fin de la guerre, il s'installa dans le pays, fut recruté par le ministère français de l'Éducation nationale pour enseigner le français, l'anglais, le latin, dans le principal lycée cambodgien Sisowath, et y rencontra ma mère, qui faisait partie de la nombreuse communauté vietnamienne.

Mon père fut également le précepteur du prince[1] Norodom Sihanouk, qui lui vouait respect et amitié. Pour de grandes occasions, je m'en souviens, le roi lui faisait porter, par une de ses filles, des corbeilles de fruits rares venant d'ailleurs, pommes, poires, pêches, cerises, abricots ; aussi à mon arrivée en France, j'ai retrouvé avec bonheur la saveur des fruits de *Samdech Euv*[2].

Mon père était très sévère avec ses filles. La plus belle gifle de ma vie, je l'ai reçue la fois où je suis revenue de l'école sans le

1. Le prince est devenu roi en 1941, à dix-huit ans.

2. *Samdech* en cambodgien signifie « monseigneur » ; le peuple Khmer appelait Sihanouk « *Samdech Euv* » : « Monseigneur papa ».

tableau d'honneur dans mon carnet de notes mensuel ! Et ma sœur Lydie m'a raconté qu'au lycée où elle l'avait eu comme professeur de latin, il lui faisait réciter ses leçons à coups de rotin devant toute la classe. Indubitablement, il ne nous a pas laissé que de bons souvenirs.

Bien que sang-mêlé, il avait parfois un comportement assez raciste. Ainsi, lorsque ma sœur s'était fiancée avec son professeur de gymnastique, d'origine antillaise... que n'avait-elle pas fait là ? Le jour où ce jeune homme cultivé et fort sympathique vint à Phnom Penh pour faire la connaissance de « M. Affonço », celui-ci fit clairement comprendre à sa fille qu'il aurait souhaité la voir mariée à un Blanc. Ma sœur, indignée, lui rétorqua : « Écoute, papa, ça fait combien de temps que tu ne t'es pas regardé dans une glace ? » Il la traita d'insolente. Depuis ce jour, mon beau-frère n'appela jamais son beau-père autrement que « M. Affonço ».

Lorsqu'il prit sa retraite, il décida de quitter le pays pour retrouver ses deux grands fils en France, et surtout pour faire la connaissance de son premier petit-fils, blond aux yeux bleus, dont il était très fier. Ma mère, retenue par les nombreux membres de sa propre famille, ne pouvait faire partie du voyage, et comme j'étais encore très jeune, mon père ne voulut pas me séparer d'elle. Aussi, quitta-t-il seul le Cambodge. À cette époque, il n'y avait pas de liaison aérienne directe entre Phnom Penh et Paris, il fallait d'abord se rendre au Vietnam pour prendre ensuite un bateau à destination de Marseille. Comme une dernière faveur, le roi Sihanouk lui facilita le voyage en mettant à sa disposition un petit avion privé Cessna et un pilote militaire français qui l'emmena directement à Saigon.

Je ne revis jamais mon père. À peine deux ans après son arrivée à Paris, il tomba malade et mourut, me laissant orpheline à l'âge de douze ans.

Je grandis donc avec une mère seule, sans profession, mais courageuse et travailleuse. Papa lui avait laissé un petit pécule, qui fondit comme neige au soleil. Elle avait cinq bouches à nourrir à la maison : sa mère, âgée et sans ressources, sa fille aînée (de père vietnamien), ses deux neveux, âgés de quatre et deux ans, que sa sœur lui avait confiés sur son lit de mort, et moi, sa seconde fille. Elle devait bien souvent tirer le diable par la queue pour loger et nourrir tout ce monde, et faire bénéficier les quatre enfants d'une éducation correcte.

Ma mère parlait le français, mais ne le lisait pas. À la mort de mon père, elle demanda au mari de la voisine, M. Gauthier, de devenir mon tuteur et de s'occuper de ma scolarité. Lui et sa famille étaient des réfugiés du Vietnam du Nord au moment de la guerre d'Indochine. Ils ne sont restés que quelques années à Phnom Penh avant de rentrer définitivement en France.

Maman était bouddhiste pratiquante, j'étais catholique, baptisée à la naissance ; elle ne s'opposa jamais à ce que je sois élevée dans la religion chrétienne, et nos deux pratiques cohabitaient harmonieusement[1]. Pour ma première communion, elle se soucia de me trouver une aube toute neuve ; la dépense se révélant trop coûteuse, la femme de mon tuteur accepta de m'en confectionner une avec sa robe de mariée. Maman s'endetta malgré tout pour m'offrir, ce jour-là, un petit repas de fête composé

1. Les religieuses qui venaient parfois à la maison s'offusquaient que je mange les offrandes que maman déposait sur un autel. Pour les sœurs, c'était un péché mortel, alors que ma mère n'y voyait aucun mal, et qu'il me semblait tout à fait naturel de ne pas gaspiller la nourriture !

d'un poulet rôti, d'une salade et d'un gâteau.

Je suivis toutes mes études au lycée français de Phnom Penh, le lycée Descartes. Je n'appris jamais le khmer. Avec mes traits de *nhac*[1], j'avais hérité physiquement du type vietnamien de ma mère, mais j'étais française et me sentais française dans l'âme. Mes camarades de classe étaient en majorité des Eurasiens comme moi, quelques Vietnamiens et Français aussi. Il y avait également des Cambodgiens, fils ou filles de hauts fonctionnaires qui avaient les moyens de placer leurs enfants dans cet établissement (gratuit pour nous, les métis français). Mais je ne les fréquentais pas, j'étais très timide, je n'allais pas spontanément vers les autres. Je parlais peu le khmer, n'étais pas motivée pour l'apprendre et n'avais jamais considéré le Cambodge comme ma patrie.

Je n'avais jamais de vacances : aux mois de juillet et août, je faisais du baby-sitting pour la voisine afin de pouvoir acheter mes livres et fournitures de classe à la rentrée. Le temps libre était consacré à la lecture, aux dictées, aux copies ; avec ma cousine,

1. *Nhac,* diminutif de *nba quê* (campagne), est le terme utilisé par les colons français pour désigner un Vietnamien.

nous travaillions ensemble sur le bord d'un lit et sur un escabeau en bois en guise de bureau. Quand ma mère ne pouvait plus payer le loyer, la propriétaire nous coupait l'électricité et nous finissions nos devoirs le soir, au clair de lune et à la lueur d'une bougie.

Nous étions pauvres mais honnêtes et travailleurs. Aujourd'hui, j'admire encore le courage de ma mère qui a su, contre vents et marées, nous inculquer les règles de bonne conduite, et qui s'est sacrifiée pour permettre aux quatre enfants de faire des études. C'est peut-être son exemple qui m'a donné cette force morale pour lutter et survivre vingt ans plus tard dans l'enfer des forêts cambodgiennes.

En 1964, je finis mes études secondaires. À vingt ans, en même temps que j'entrais dans la vie professionnelle, je rencontrai le futur père de mes enfants, Phou Teang Seng, un Chinois hainanais (de l'île de Hainan) dont la famille est établie dans la province de Kampot. Je quittai le domicile maternel pour m'installer avec lui, dans l'appartement mitoyen de celui qu'occupait sa famille – sa sœur, avec son mari et ses quatre enfants, ainsi que son frère, un garçon un peu simplet. Il n'y eut pas de mariage : le concubinage était alors monnaie courante, et je ne tenais pas à régulariser une situation qui pourrait porter préjudice à mon travail – l'ambassade de France, par exemple, ne recrutait pas les Françaises mariées à des Cambodgiens ou à des Chinois. Je trouvai d'abord un emploi de secrétaire-dactylographe bilingue français-anglais au consulat général de la Corée du Sud. Au moment de la rupture des relations diplomatiques entre la Corée du Sud et le Cambodge, je quittai ce poste pour enseigner dans une école primaire privée française, travail que je perdis lorsque je tombai enceinte, car la directrice, une Française, n'ayant aucune assurance maladie pour son personnel ne voulait pas me garder par crainte d'un accident. Il faut dire que, dans le pays, nous étions à la merci des employeurs du secteur privé, il n'y avait pas de protection sociale, pas d'assurance maladie, pas de cotisations pour la retraite et pas de congé prénatal ou post-natal ; si on ne voulait pas perdre son emploi, il fallait travailler jusqu'à la veille, si ce n'est jusqu'au jour même, de l'accouchement et reprendre deux semaines après. Nous travaillions plus de quarante-cinq heures par semaine avec seulement quinze jours de congés payés par an. Après la naissance de ma fille Jeannie, je retrouvai donc un emploi dans la société Comin Khmer, dont le président-directeur général était danois. Le groupe m'affecta, par la suite, comme secrétaire de direction dans une usine de fabrication de lait concentré, la Sokilait. J'y restai de la construction de l'usine à la production et au lancement du produit. Enfin, en 1973, je laissai la Sokilait pour un poste de secrétaire de l'attaché culturel au service culturel de l'ambassade de France à Phnom Penh, et ceci jusqu'à l'arrivée au pouvoir des Khmers rouges.

Dans ses affaires, Seng était très entreprenant, un peu trop. Après avoir été gérant au mess des officiers américains de Phnom Penh, il monta tout un tas de commerces, des restaurants, qui ne marchèrent jamais, et nous étions bien souvent endettés. Puis, avec le début de la guerre et les bombardements, il trouva un autre filon, la construction. Il aurait d'ailleurs pu réussir comme architecte-décorateur ; il était doué et avait beaucoup de goût. Il dessina en particulier les plans des villas destinées aux nouveaux riches de Phnom Penh, la plupart des officiers de l'armée gouvernementale cambodgienne : généraux, colonels... et s'occupa de toute la décoration. Cette affaire-là était prospère.

Devant ses clients militaires, Seng cachait ses opinions communistes. À la maison, en revanche, il me récitait tous les jours une des pensées de Mao, à moi qui étais anticommuniste. Dès que nous commencions à discuter, nous nous disputions immanquablement. Il était anti-impérialiste, anticapitaliste, mais aimait vivre dans l'aisance, rouler dans de belles voitures américaines, appréciait les sorties au restaurant et le bon whisky. Aussi, très souvent, je lui conseillais, d'un ton acerbe, de retourner en Chine. Ce qui aurait été impossible, et il le savait : il n'était communiste que par idéologie, et la Chine, méfiante, n'acceptait pas ses ressortissants d'outre-mer. Il était aussi, de manière systématique, contre les Occidentaux, en particulier contre les Français. Et pourtant il m'avait choisie...

Cela dit, nous nous entendions assez bien quand nous n'abordions pas les sujets politiques. Il était bel homme. Avec lui, je fondai une famille : nous eûmes trois enfants, Jean-Jacques, né le 25 août 1964, qui vécut la période khmère rouge de l'âge de dix à quatorze ans ; Jeannie, née le 30 mai 1967, morte d'inanition à l'âge de neuf ans sous le régime Khmer rouge ; et Françoise, née le 19 décembre 1970, dont la disparition prématurée, quelques jours plus tard, fut sans rapport avec le régime Khmer rouge. Mes enfants furent reconnus par leur père, qui leur donna son nom, mais ils étaient de nationalité française.

Après la naissance de Jeannie, je tombai malade. Je me trouvais dans un tel état de fatigue que j'étais dans l'incapacité de m'occuper du bébé. La tante de mon mari, Mme Champion, mariée à un Français[1], s'en occupa, et continua à le faire quand je recommençai à travailler. Peu à peu, elle devint sa seconde maman. Jeannie avait fini par élire domicile chez elle et ne revenait chez nous que le week-end. Si le week-end fatidique de la prise de Phnom Penh par les Khmers rouges, les deux jours qui précèdent le nouvel an khmer, ma petite Jeannie était restée chez sa tante, son sort aurait été différent...

1. Dans les années 1950, cette tante vivait en France, à Vesoul, avec son mari Lucien Champion, qui travaillait dans une mine à Albertville ; ce dernier décéda en 1954 au cours d'une explosion dans la mine. Alors enceinte de trois mois et ne connaissant personne en France, elle décida de rentrer au Cambodge.

Avec nos joies et nos peines, notre vie était un long fleuve tranquille. Elle aurait pu, aurait dû se dérouler ainsi, de la façon la plus banale du monde, dans un pays toujours ensoleillé, paisible et sans stress. Comment imaginer un instant que, du jour au lendemain, le 17 avril 1975, elle allait basculer dans l'horreur ?

Exposition de la tragédie : le Cambodge entre 1970 et 1975

L'enfer débute en réalité dès 1970.

Le 18 mars 1970, Norodom Sihanouk, accusé d'avoir autorisé les troupes nord-vietnamiennes à établir des sanctuaires en bordure de la frontière khméro-vietnamienne, est démis de ses fonctions de chef d'État par le général Lon Nol, qui, avec l'appui des Américains, proclame la république khmère ; il la dirigera jusqu'au 17 avril 1975. À partir de ce coup d'État, la guerre se généralise dans l'ensemble de la péninsule Indochinoise. La peur et le crime règnent au Cambodge ; le peuple Khmer, pacifique, en grande majorité bouddhiste, doux, souriant et croyant deviendra alors soit victime soit auteur d'actes d'une barbarie hors du commun.

Dès son arrivée au pouvoir, Lon Nol

déclare la guerre aux forces communistes vietnamiennes et dénonce l'infiltration, dans la communauté vietnamienne du pays, d'éléments Viêt-cong[1] ; la piste Hô Chi Minh traverse effectivement le nord-est du Cambodge[2]. Les Vietnamiens et les Cambodgiens d'origine vietnamienne subissent bientôt de véritables pogroms ordonnés par Lon Nol, une opération de nettoyage radicale, une vague de terreur barbare et sanglante de l'histoire du Cambodge entre 1970 et 1975 suivie par le raz-de-marée de sauvagerie Khmer rouge.

Du jour au lendemain, tous les Vietnamiens sont arrêtés et regroupés au nord de la ville, dans des camps créés à la hâte dans des écoles et pagodes chinoises, pour être soi-disant rapatriés au Vietnam ; il n'en sera rien...

1. Mouvement d'opposition militaire au régime de Saigon, issu du Front national de libération.

2. La piste Hô Chi Minh relie le nord du Vietnam au sud, en passant par le Laos et le Cambodge. Constituée de nombreux chemins, canaux et pipelines et dissimulée par la forêt, les maquisards du Front de libération (les Viêt-cong) y transportent hommes et matériel depuis le nord du Vietnam, communiste, jusqu'aux zones occupées par leurs troupes au sud. Du fait de son importance stratégique pendant la guerre du Vietnam, la piste Hô Chi Minh a subi d'incessants bombardements de l'aviation américaine.

Les arrestations se font surtout de nuit, par surprise. À Phnom Penh, le couvre-feu est décrété ; dès l'extinction des lumières, des camions militaires sillonnent lugubrement les rues. Les habitants de mon immeuble sont d'origines très variées : Cambodgiens, Chinois, Vietnamiens... Mais seuls les Vietnamiens sont visés : tous les soirs, dès la tombée de la nuit, j'entends les soldats crier des ordres, frapper aux portes des appartements à coups de crosse, puis ce sont des cris de détresse, des pleurs de femmes ou d'enfants tirés du sommeil et emmenés *manu militari*. Une sorte de chasse à la sorcière vietnamienne est organisée, les femmes n'osent plus porter de chignon et se font couper les cheveux très court pour ressembler davantage aux Cambodgiennes. Toutes mes amies vietnamiennes sont obligées de quitter le pays du jour au lendemain. Le prélude au cauchemar[1].

Les Vietnamiens partant dans la précipitation ne peuvent emporter que quelques

1. Ma mère, vietnamienne, n'a pas été inquiétée par les soldats de Lon Nol, car elle était sous ma responsabilité : en tant que Française, j'ai pu m'en porter garante. De plus, beaucoup de hauts fonctionnaires cambodgiens du régime en place connaissaient bien mon père, la plupart d'entre eux avaient été ses élèves au lycée Sisowath.

affaires personnelles ; ils doivent tout abandonner, maisons, meubles et autres biens sont confisqués par l'État ou pillés par des voisins malhonnêtes. Certains réussissent à revendre à la hâte ce qu'ils possèdent, mais pour une bouchée de pain, proies faciles pour les profiteurs de tous poils... La panique s'installe même parmi les Vietnamiens naturalisés Khmers ou ayant un conjoint cambodgien ; avec les contrôles exercés à chaque coin de rue, ils ne se sentent plus en sécurité et n'osent plus sortir.

Les camps de fortune, d'infortune... sont vite remplis. Avec la chaleur et le manque d'hygiène, les enfants et les personnes âgées sont les premières victimes des épidémies, notamment le choléra ou la dysenterie. Viennent ensuite les massacres programmés : on exécute tous ceux qui ont embarqué sur les bateaux à destination du Vietnam, leurs corps sont jetés à l'eau, sans autre forme de procès. Les femmes sont violées ; les bonzes et bonzesses accusés de complicité avec le Viêt-cong exterminés ; leurs pagodes saccagées et brûlées. Une vieille amie de ma mère, bonzesse dans une pagode située dans la province de Kompong Speu, a été sauvagement égorgée.

Les années Lon Nol voient aussi le Cambodge irrésistiblement aspiré dans la guerre d'Indochine : intervention des troupes nord-vietnamiennes dans le pays, pilonnage de l'aviation américaine... Pendant ce temps, les Khmers rouges commencent à vendre leur mouvement nationaliste dans les campagnes, rallient à leur cause des classes de jeunes paysans, pour la plupart analphabètes, et créent une armée.

À Phnom Penh, depuis la proclamation de la république khmère, des accrochages entre soldats gouvernementaux pro-américains et rebelles Khmers rouges ont lieu quotidiennement ; la guerre dévore le pays...

Devant la situation qui se dégrade de jour en jour, le service militaire obligatoire est décrété en juin 1970. Le nouveau régime a besoin de « chair à canon ». Les Cambodgiens riches et aisés se dépêchent d'envoyer leurs enfants à l'étranger (France ou États-Unis) pour qu'ils y poursuivent leurs études... en réalité pour échapper au service militaire et à la mort car, dans le pays, un grand nombre de jeunes appelés se font tuer tous les jours sur les champs de bataille.

À la peur du service militaire obligatoire s'ajoute celle des roquettes pleuvant jour et nuit sur la ville, semant la terreur. Ces obus meurtriers visent non seulement les écoles, les cinémas ou les marchés, mais aussi les hôpitaux, déjà remplis de malades et de blessés. À deux reprises, des cours d'écoles maternelles servent de cibles, de nombreux enfants sont tués. La psychose s'installe pour de bon dans la ville.

Les Khmers rouges n'ont aucun mal à saper le moral des habitants qui se rendent vite compte que les dirigeants en place ne sont que des pantins incapables et inefficaces à la solde des Américains. À cette incapacité, s'ajoutent la cupidité et la corruption. L'ampleur de cette dernière est telle que le gouvernement de Lon Nol devient très rapidement impopulaire. Les États-Unis financent sans compter l'effort de guerre : mais hauts fonctionnaires et militaires en profitent grassement en gonflant le nombre de soldats pour empocher les soldes ou en établissant des listes de soldats fantômes tués pour toucher la pension de leurs veuves ou encore en revendant des armes à l'ennemi. Avec cet argent facile, ils vivent sur un grand pied : loisirs et restaurants, villas somptueuses équipées de climatiseurs et de chaînes hi-fi dernier cri ; ce sont les nouveaux riches phnompenhois.

Bien entendu, cette dépravation n'appelle pas la victoire. Contrairement aux propos volontairement rassurants diffusés continuellement à la radio locale, et en dépit de l'aide militaire et économique massive américaine, les troupes de Lon Nol essuient défaite sur défaite et perdent du terrain de jour en jour.

Entre 1971 et 1975, avec l'arrivée massive des réfugiés provenant des provinces limitrophes conquises et occupées par les Khmers rouges, la population de Phnom Penh a presque triplé, elle compte entre deux et trois millions d'habitants.

La capitale s'asphyxie à petit feu : le ravitaillement en denrées de première nécessité devient de plus en plus difficile, les principaux axes routiers sont coupés ; le Tonlé Sap, seul fleuve traversant le pays et par lequel sont acheminés le pétrole et les matières premières, est harcelé quotidiennement par l'ennemi. Un grand nombre de bateaux de marchandises et de pétroliers sont coulés, entraînant des ruptures de stocks dans tous les domaines, et une hausse vertigineuse du prix des produits vitaux tels que riz, sucre, sel, matières premières pour la fabrication du lait concentré sucré, essence, etc. ; la spéculation est au meilleur de sa forme. La monnaie locale, le riel, ne vaut plus grand-chose. Les billets de banque ne sont plus que du papier ; pour faire son marché quotidien, il faut partir avec un panier rempli de coupures.

Les riches s'empressent de ramasser or et devises, échangés à des taux exorbitants, pour les mettre en sécurité à l'étranger ; à la veille de la chute de la ville, le franc français cote 560 riels au marché noir, le dollar US 2 500 riels et un tael d'or (36 g) 450 000 riels. Pour ceux qui veulent quitter le pays, le visa de sortie se négocie environ 700 000 riels et les billets d'avion subissent des suppléments hors de prix de dernière minute. Mais l'aéroport devient également la cible de roquettes empêchant très souvent tout avion de décoller.

En avril 1975, le gouvernement pro-américain de Lon Nol sombre : il a tenu cinq ans. Les derniers jours du régime sont sinistres. On sent qu'il agonise : la ville est déserte dès 19 heures, lorsque commence le couvre-feu. Les habitants restent calfeutrés chez eux par peur des roquettes, et n'ont plus que deux à trois heures d'électricité et d'eau courante par jour avec la pénurie de fuel. Les étrangers quittent peu à peu le pays.

Que faire ? À quel saint se vouer ? Les Cambodgiens maudissent Lon Nol et sa bande de marionnettes. Ils n'aspirent qu'à une seule chose, la paix, et souhaitent la victoire des Khmers rouges qui, pensent-ils, les libéreront du joug des fantoches américains et mettront fin à leurs malheurs.

Malheureusement, ils ne savent pas… pas encore que le mot « libération » restera à jamais gravé dans leur histoire comme synonyme d'un cortège macabre de maux : emprisonnements, tortures morales et physiques, exécutions sommaires, massacres, travaux forcés, familles séparées, famine, mort… Ils ne peuvent imaginer que ces soi-disant libérateurs Khmers rouges, en majorité incultes, élimineront systématiquement les autres Khmers, leurs propres frères, qu'ils considèrent comme des citadins pourris, corrompus par les impérialistes ; qu'ils se débarrasseront des étrangers, sans distinction de race (Français, Chinois ou Vietnamiens), d'âge ou de religion (musulmans – communément appelés les Chams –, catholiques, bouddhistes), qu'ils instaureront la restructuration la plus brutale et la plus radicale qu'une société ait jamais tentée pour construire une nouvelle nation, pure. Ils ignorent qu'absolument tout le monde sera soumis à un tri infernal et impitoyable entre « le bon grain et l'ivraie », que ceux qui auront échappé aux premières exécutions programmées seront à leur tour décimés, à petit feu, par les travaux forcés, les privations, les maladies, le manque de soins et de médicaments. Ils ne savent pas que leur pays va être transformé en une gigantesque coopérative agricole dominée par des paysans, sous l'égide d'un fou sanguinaire, maoïste extrémiste de la révolution agraire et avec la complicité ouverte des communistes chinois !

En 1975, le peuple cambodgien ne sait encore rien, il se contente d'espérer et, ironie du sort, de prier Bouddha pour la victoire de l'ennemi.

Une ville se vide

Au service culturel de l'ambassade de France où je travaille, par contre, l'espoir n'est pas de mise. Nous recevons quotidiennement de l'AFP des nouvelles alarmantes sur les combats dans les provinces, les destructions des villes et des villages, les déplacements de population.

Lorsque je fais part de ces informations à mon mari, il n'en croit pas un mot. Pour lui, c'est de la propagande impérialiste, car il écoute tous les soirs en cachette Radio Pékin, qui ne cesse de proclamer la victoire des troupes révolutionnaires khmères : partout où celles-ci passent, la paix revient, et la population vit heureuse… Seng, partisan invétéré et idéaliste du communisme maoïste, toujours de façon théorique, répète inlassablement à qui veut l'entendre que les communistes ne sont pas des sauvages, qu'ils ont des lois et qu'on peut leur faire confiance ! Il croit dur comme fer en cette vérité-là. Quand je pense au sort qui sera le sien, je le plains encore aujourd'hui de son entêtement et son engouement pour de telles convictions.

Les autorités de l'ambassade de France m'enjoignent, comme à tous les autres fonctionnaires, de quitter le pays. Mais l'administration française ne prendra en charge que les frais de voyage pour mes enfants et moi-même... pas pour leur père, car étranger, ni, naturellement, pour la belle-famille. Je me trouve devant un tragique dilemme : nous n'avons pas les moyens de payer les billets d'avion supplémentaires, et je ne peux me résoudre à laisser le père de mes enfants avec tous les membres de sa famille dans les affres de la guerre. Et que se passera-t-il si les Khmers rouges gagnent la guerre ? L'inconnu m'inquiète et me fait peur, mais je me dis que la vie reprendra certainement son cours normal. Que Seng a peut-être raison et qu'il ne faut pas céder à la panique...

Ma conscience m'interdit et m'empêche de suivre les conseils des autorités françaises qui rapatrient peu à peu tous leurs ressortissants (experts, coopérants, professeurs, médecins civils, etc.). Le 15 mars 1975, un premier contingent est embarqué sur un Transall militaire, à destination de Bangkok, un deuxième contingent le 30 mars, puis un troisième début avril. Certaines personnalités cambodgiennes, et quelques diplomates étrangers encore bloqués ont pu profiter de ces évacuations en payant leur voyage. Le cœur gros, je regarde mes collègues plier bagage les uns après les autres en me persuadant que la paix va revenir pour me remonter le moral.

Avant d'abandonner leurs postes, le chargé d'affaires et l'attaché culturel me conseillent une dernière fois de quitter les lieux avec mes enfants. Seng, dont les idées sont plus rouges que celle des rouges eux-mêmes, me convainc du contraire, avec son optimisme béat : « Les troupes gouvernementales vont se rendre, ce sera la fin de la guerre civile et tout rentrera dans l'ordre, tu verras... »

Michel Deverge, mon attaché culturel, me propose alors une autre solution : il emmènera Jean-Jacques et Jeannie à Paris, et s'occupera d'eux jusqu'à ce que la situation se stabilise et que je puisse les rejoindre ou les ramener si la paix revient. Seng refuse catégoriquement, il ne veut, en aucun cas, être séparé de ses enfants. C'est humain et je le comprends. Mais égoïstement il dit aussi que si jamais quelque chose nous arrivait... mais que rien n'allait arriver... enfin, si jamais... eh bien, tout le monde mourrait ensemble, un point c'est tout !

Peut-être que les enfants auraient dû partir. Avec amertume, je repense encore aujourd'hui souvent à ses paroles. Hélas ! à quoi bon, le mal est fait...

Vingt-cinq ans plus tard, le cœur brisé et meurtri, je pleure toujours mes chers disparus, en particulier ma fille Jeannie. Mais, si paradoxal que cela puisse paraître, je regrette un peu moins d'être restée, car arrivée en France, j'ai retrouvé plusieurs amies françaises, d'origine eurasienne comme moi, qui, le jour de l'exode, ont voulu quitter le Cambodge avec leur mari autochtone en se réfugiant à l'ambassade de France. Elles ont été acceptées, mais seules avec leurs enfants, tandis que leurs époux de nationalité cambodgienne ou chinoise étaient refoulés, rejetés dans l'enfer comme des malpropres, sous prétexte que les Khmers rouges surveillaient l'ambassade. Aujourd'hui, ces femmes sont saines et sauves mais elles n'ont pas la conscience tranquille et ne sont guère heureuses. Certaines apprennent que leurs maris ont péri dans l'enfer, d'autres n'ont jamais su ce qu'ils étaient devenus. Une telle situation m'aurait remplie de remords et me paraissait plus cruelle. Par la force des choses, j'ai suivi Phou Teang Seng, mais par miracle je m'en suis sortie, avec mon fils, et j'ai pu voir et vivre ce qui s'est réellement passé jusqu'au bout, sans pouvoir malheureusement aider tous mes proches qui y ont laissé leur vie, en particulier ma regrettée fille chérie de neuf ans fragile et morte d'inanition.

Avril 1975. Pendant que les rats quittent le navire, je reste donc sagement à mon poste, au service culturel, jusqu'au samedi 15, veille des congés du Chhaul Chhnam, le nouvel an cambodgien, selon le calendrier lunaire khmer. Ce jour-là, une atmosphère de panique générale règne sur Phnom Penh : ballet incessant des hélicoptères militaires, sirènes des ambulances qui portent secours aux blessés. Ce matin même, des roquettes sont encore tombées sur plusieurs endroits de la ville, dont une à proximité de l'ambassade de France, faisant des morts et des blessés. Les magasins et épiceries sont fermés pour cause de pénurie ou parce que les commerçants ont déjà plié bagage, on voit des scènes de pillage dans tous les lieux désertés. En rentrant de mon travail, à midi, j'apprends par les informations que l'ambassade des États-Unis est en train d'évacuer tout son personnel par hélicoptère. Que faire ? Partir, nous aussi ? Oui, mais où ? Et puis, c'est déjà trop tard. Rester ? Oui, mais qu'adviendra-t-il ?

Ma fille Jeannie arrive à contrecœur chez nous pour le week-end. Ah ! si ce jour-là elle était restée chez sa grand-tante, elle aurait pu quitter la capitale avec elle, par l'ouest, et sans doute serait-elle encore en vie… Car dans l'exode, la tante a emporté des bijoux qui lui ont servi de monnaie d'échange contre du riz, et puis elle n'a eu que deux bouches à nourrir : son fils et elle-même, alors que nous étions neuf au total. Tous deux s'en sont sortis, et vivent en France aujourd'hui. J'ai revu la vieille dame. Elle reste inconsolable de la disparition de sa petite-nièce, ma fille, qu'elle pleure toujours et dont elle me reproche encore la mort.

Hélas, on ne refait pas le passé. Le samedi 15 avril, Jeannie arrive donc pour passer le week-end avec nous, ses parents qui, sans le savoir, sans le vouloir, allons la conduire vers son tragique et funeste destin, la faim puis la mort.

Le dimanche 16 avril au matin, l'état-major militaire est bombardé et le couvre-feu général est décrété pour toute la journée. Heureusement, la veille au soir, nous avons fait toutes les courses pour le week-end et le nouvel an. En dépit de cette ambiance de fin du monde à l'extérieur et pour nous remonter un peu le moral, nous décidons, avec un groupe d'amis et voisins cambodgiens habitant le même immeuble, de fêter ensemble le nouvel an khmer, sans savoir que ce sera le dernier d'une longue période. Le repas se fait à la chandelle, car l'électricité est coupée depuis le milieu d'après-midi. Chacun a apporté un peu de ses provisions. En fin de soirée, nous nous étonnons que la radio locale ne diffuse plus aucune information, nous décidons alors de tous monter sur la terrasse de l'immeuble pour voir ce qui se passe aux alentours. Devant le spectacle cauchemardesque qui s'offre à nous, nous comprenons que les troupes de Lon Nol ont capitulé. Phnom

Penh est plongé dans le noir ; dans le nord de la capitale, à environ cinq kilomètres, la raffinerie de pétrole flambe ainsi que plusieurs hangars et dépôts de munitions. Des détonations éclatent au loin. La capitale agonise mais, ironie du sort, tout le monde se sent soulagé, rassuré, presque content. Quelques-uns demandent même à Bouddha de donner la victoire aux troupes Khmers rouges ! De mon côté, je prie le Bon Dieu pour que la paix revienne très vite.

Le lendemain, lundi 17 avril, sans aucune information précise, puisque plus de radio, je me prépare comme d'habitude à aller travailler, pressée d'avoir des nouvelles fraîches de l'ambassade. Mais à peine installée dans ma voiture, des détonations de grenades ou de pétards retentissent, puis des coups de fusil, très proches cette fois-ci, et venant de tous les côtés. Les Khmers rouges entrent dans la capitale et manifestent leur présence par des coups de feu.

Puis un brouhaha s'élève, de chaque maison jaillissent des cris de joie, et dans notre rue j'entends très distinctement des ovations : *« Cheyo yautheas pakdewat ! »* (Vive les soldats révolutionnaires !) Avril est un mois où il fait très chaud et très sec.

Curieuse de voir ce qui se passe dehors, je descends vite de voiture pour y jeter un œil et reste pétrifiée par le spectacle : des hommes, des femmes et des enfants applaudissent et crient tous en chœur *« Cheyo yautheas pakdewat »*. Ils se dépêchent d'aller au-devant des libérateurs bénis, pour les accueillir et leur offrir à boire. La ville est en délire. Les guerriers sont habillés d'un uniforme noir, coiffés d'une casquette noire, portent un foulard quadrillé rouge et blanc autour du cou ; et, aux pieds, des « sandales Hô Chi Minh[1] », fabriquées en caoutchouc récupéré des pneus de voitures. La plupart de ces *yautheas*[2] sont très jeunes, des gamins presque, l'air peu avenant mais très fiers de leur victoire, et contents d'être à Phnom Penh. Ils sont armés jusqu'aux dents, leur seule vue me donne la chair de poule. Je revois encore mon « nigaud de mari », tout emballé, aller les acclamer, les féliciter jusque dans la rue tout en leur offrant des bouteilles de bière Tsin Tao. Ils acceptent les boissons comme un dû, sans un merci à qui que ce soit, donnant déjà la

1. Ces sandales portées par Hô Chi Minh lui-même furent ensuite adoptées par les combattants Viêt-cong.
2. *Yauthea* est le terme utilisé par les Khmers rouges pour désigner un soldat.

désagréable impression qu'ils sont les maîtres des lieux.

Vingt-quatre heures après leur arrivée, tout le monde déchante et l'euphorie de la veille retombe bien vite, car les soldats qui ont été accueillis triomphalement commencent à passer dans chaque rue, dans chaque maison pour donner « fermement » l'ordre de quitter Phnom Penh. « Il vous faut évacuer la ville, nous disent-ils, juste pour deux ou trois jours... car Angkar veut vous mettre à l'abri des bombardements américains. » (Angkar ? Qui est Angkar ? Qu'est-ce que ça veut dire ? J'apprendrai plus tard que cela signifie « l'Organisation » ou « le Parti » – toute personne dotée de pouvoir pour diriger un village ou une équipe de travailleurs parle en son nom ; Angkar est partout.) « Prenez juste le minimum, fermez bien les portes et confiez-nous les clés, nous garderons vos biens jusqu'à votre retour. Ne vous inquiétez pas, partez tranquilles. »

Telles sont les consignes que tout le monde suit scrupuleusement. Déroutés par la tournure des événements à laquelle personne ne s'attendait, nous nous exécutons sans tarder, et plions bagage, Seng, les enfants, ma belle-famille et moi. Nous faisons bien car nous apprendrons plus tard que ceux qui n'ont pas voulu quitter leur maison ont été accusés de traîtrise et ont tous été massacrés sur place.

Le mari de ma belle-sœur était parti, tôt le matin, voir ses parents qui habitaient à l'ouest de la ville. Nous n'entendrons plus jamais parler de lui. Ma mère habitait à peu près dans la même zone. Coincée avec mes enfants, je n'ai malheureusement pas pu aller la voir, mais si j'étais partie seule, j'aurais été définitivement séparée de mes enfants…

Nous emportons riz, sel, sucre, poisson séché, médicaments, moustiquaires, nattes, bougies, allumettes, cigarettes, une bouteille de whisky Johnnie Walker pour Seng, vêtements de rechange, livres de classe afin que les enfants puissent faire leurs devoirs, et bien sûr tous nos papiers d'identité et billets de banque (environ deux millions de riels échangés peu de jours avant), en prenant bien soin de garder une petite réserve de riz, poisson séché, sel, sucre et café pour notre retour, au cas où les magasins ne réouvriraient pas immédiatement. Pauvres crédules que nous sommes ! Avant de partir, mon mari remet les clés de nos appartements aux *yautheas*) en les remerciant pour leur aide si précieuse. En y repensant aujourd'hui, je me dis que ces monstres ont dû bien se moquer de nous. Nous chasser de chez nous sous prétexte de nous protéger et en prétendant veiller sur nos maisons fut le premier et grotesque mensonge de cet Angkar invisible et omniprésent… mais pas le dernier. Nous découvrirons tout au long de notre calvaire que toutes les promesses d'Angkar ne seront que des mensonges.

Vers 9 heures du matin, nous quittons donc la ville avec notre grosse Chevrolet bourrée de sacs. Sur la banquette arrière, ma belle-sœur Li, ses quatre enfants, trois filles : Leng, dix-huit ans, Hoa, seize ans, Phan, douze ans, et un garçon, Ha, cinq ans. Sur la banquette avant, à côté de Seng au volant, j'installe mon fils Jean-Jacques, dix ans, et prend Jeannie, sept ans, sur mes genoux. Le plus jeune frère de Seng, un grand garçon un peu simplet, préfère nous suivre avec son vélo, tirant derrière lui le poulailler contenant deux poules et une cane. Dans la panique générale, nous le perdons assez vite et ne le reverrons jamais. Nous tentons de rejoindre l'ambassade de France située dans le nord de Phnom Penh. Mais cela s'avère impossible, la ville est coupée en quatre par des barrages de soldats : les habitants du secteur nord évacuent vers le nord, ceux de l'est vers l'est, etc. Nous sommes du secteur sud.

À peine dehors, je suis pétrifiée de terreur devant le spectacle de désolation qui s'offre à moi, et éclate en sanglots. Un flot d'hommes, de femmes, de vieillards, d'enfants se pressent, se bousculent, tirant ou poussant des chariots remplis de meubles, de bagages ; il est à peine 10 heures du matin, mais le soleil tape déjà, un soleil de plomb, plus une chaleur moite. Ceux qui n'ont ni voiture ni charrette doivent évacuer à pied : les mères portent les tout-petits sur le dos, pendant que les plus grands, pieds nus, courent derrière en pleurant ; les maris portent affaires et nourriture à l'aide de palanches (tige de bambou posée en équilibre sur l'épaule avec un panier en osier pendant de part et d'autre) ; les personnes âgées emboîtent péniblement le pas aux jeunes. Les rues sont encombrées de vélos, de cyclo-pousses, de voitures roulant au pas – celles qui ont la chance d'avoir encore un peu d'essence –, remorquées ou poussées par les adultes pour celles qui n'ont plus une goutte dans le réservoir. Même les hôpitaux sont évacués sans ménagement et les malades jetés dans la cohue, allongés sur des brancards, le flacon de perfusion encore accroché au bras. Les fous libérés des asiles ne comprennent pas ce qui se passe, rient ou marmonnent des phrases incompréhensibles. Les prisonniers, ivres de leur liberté toute neuve, en profitent pour tout piller sur leur passage : maisons, épiceries, brocanteurs, l'usine Seven Up. Tout y passe.

Pour me rassurer, je me répète : « Ce n'est qu'un cauchemar, Denise, un mauvais rêve, rien qu'un mauvais rêve, tu vas te réveiller… »

Mon adepte du communisme tente de me tranquilliser, me dit qu'il n'y a rien à craindre : « Pas d'inquiétude, c'est très bien ce qu'ils font en ce moment ; c'est normal qu'ils veuillent nous protéger des bombardements, et puis il faut que nous leur facilitions le travail de nettoyage de la ville ; ils nous réinstalleront après. » Cette confiance aveugle, cet optimisme béat pour un régime sans foi ni loi me sidèrent encore aujourd'hui.

Dans la cohue, je repère rapidement les réfugiés qui ont déjà eu à évacuer une ville ou un village : ils n'ont pris que des denrées alimentaires et surtout un maximum de riz. Les citadins que nous sommes n'ont aucune idée de ce qui nous attend. Beaucoup sont chargés de matelas, meubles, postes de radio, billets de banque (argent qui sera bientôt la cause de nombreux suicides), bref des tas de choses inutiles qui nous seront confisquées au fur et à mesure de l'expédition. Depuis le début de la guerre entre les troupes de Lon Nol et les Khmers rouges, des réfugiés sont arrivés tous les jours à Phnom Penh et, au moment de l'évacuation générale, la population totale se chiffre à environ trois millions de personnes.

Trois millions de personnes jetées sur les routes du jour au lendemain ; trois millions de gens apeurés, épuisés par la chaleur de ce mois d'avril, trois millions d'êtres humains marchant vers l'inconnu ; oui, l'inconnu total, et cette incertitude est très dure moralement. Nous ne savons pas ce qui se passe, ni ce qui va se passer ; nous ne savons pas où nous allons ; nous n'avons aucune directive précise. Chaque groupe de *yautheas* en vélo que nous croisons se contente de nous crier : « Ne vous inquiétez pas pour votre maison, on la surveille, continuez dans cette direction. Angkar vous y attend, Angkar vous recevra, Angkar s'occupera de vous ; n'ayez crainte ! vous reviendrez dans deux ou trois jours. » Ils mentent, et ils mentiront jusqu'au bout de l'enfer.

Nous avançons au pas, lorsqu'un groupe de trois soldats Khmers rouges en uniformes verts, chargés de sacs de médicaments et de divers articles raflés chez un brocanteur et un pharmacien, arrêtent notre voiture et demandent à mon mari de les embarquer. Ce dernier, encore sous le choc de sa « libération » et très reconnaissant envers ceux qui viennent de l'affranchir du joug du régime proaméricain, les accueille avec empressement :

« Où allez-vous et jusqu'où ?

— À environ une vingtaine de kilomètres de Phnom Penh vers le sud. »

Seng leur dit qu'il n'a plus que quelques litres de carburant. Ils nous font alors patienter sous la garde d'un des leurs, tandis que les deux autres partent, et reviennent au bout d'une demi-heure d'on ne sait où avec un jerrycan d'essence. Depuis presque cinq ans, le carburant se fait rare et on est obligé de l'acheter au prix fort au noir, très souvent mélangé à du pétrole. À l'ambassade, je reçois des quotas mensuels sous forme de bons et nous allons nous ravitailler à la pompe du poste diplomatique.

Une fois le plein fait, les soldats m'ordonnent méchamment de monter à l'arrière avec mes deux enfants pendant que deux d'entre eux s'entassent devant avec Seng, le troisième monte sur le toit du véhicule avec le butin et nous ordonne de démarrer. Il dégage ensuite la route en tirant des coups de feu en l'air. Les grands se taisent ; seuls Ha et Jeannie, effrayés par les coups de feu et gênés par la promiscuité et la chaleur, se mettent à pleurer. Li et moi essayons de les calmer de notre mieux, persuadées que ces jeunes soldats nous rendent un service appréciable en facilitant notre sortie de la ville.

La voiture sort donc sans trop de mal de Phnom Penh par le sud, à petite allure. En passant à côté de Chamcar Mon, la résidence du chef de l'État, j'ai un haut-le-cœur en sentant une odeur nauséabonde. Au fur et à mesure que nous approchons du palais, je vois, éparpillés, des dizaines, ou vingtaines, pas le temps ni le courage de compter, de cadavres de militaires gouvernementaux, gisant par terre, tout gonflés, en train de se décomposer sous le soleil. Les soldats Khmers rouges « pris en stop » ne desserrent pas les dents, et moi, recroquevillée à l'arrière entre les sacs et le reste de la famille, je tremble et pleure en silence.

Il fait une chaleur accablante dans l'habitacle. Nous roulons pendant des heures toutes vitres baissées jusqu'à la sortie de la ville et l'entrée d'une agglomération appelée Takhmau. Là, premier barrage de Khmers rouges vêtus de noir, première fouille : ils nous font descendre de voiture, nous demandent nos papiers d'identité. Nos trois auto-stoppeurs ne bougent pas, ils n'ont pas dit un mot depuis le début du voyage. Très sereinement, en toute confiance, mon époux sort tous les papiers et documents officiels que nous avons en notre possession (cartes d'identité, actes de naissance des enfants, ma carte d'immatriculation de l'ambassade de France et mon passeport français), en expliquant que les enfants et moi sommes français. Les Khmers rouges nous dévisagent méchamment et avec mépris, confisquent tous les documents, les déchirent en petits morceaux sans même les regarder – comme la plupart des Khmers rouges ils ne savent pas lire – et les jettent en l'air : « À partir de ce jour, il n'y a plus ni Chinois ni Français ni Vietnamiens, nous sommes tous frères

Khmers et ne parlerons plus qu'une seule langue, le khmer. » Abasourdie, je suis des yeux les vestiges de mon identité jetés en miettes, et sidérée je découvre simultanément, par terre, des billets de banque, toutes sortes de coupures, surtout des coupures de cinq cents riels. La rue en est jonchée. Les *yautheas* nous expliquent en ricanant méchamment que depuis le 17 avril 1975, date de leur victoire, « l'argent de A Nol (façon méprisante pour désigner Lon Nol) n'a plus cours en *dey romdoch* (zone libérée) ».

Une fois la fouille terminée, ils nous font signe de continuer notre route vers le sud. Je suis de plus en plus désespérée et transie d'inquiétude, contrairement à ma belle-sœur qui reste sereine. Elle aussi est une adepte idéaliste du communisme, et à ce moment précis, elle semble avoir une confiance totale dans les événements.

Dans notre malheur, nous avons quand même la chance de pouvoir quitter la capitale sans trop de peine avec l'aide « précieuse » des soldats qui ont réquisitionné notre véhicule. Pour ceux qui sont à pied, en vélo ou en charrette, les efforts physiques déployés à porter les enfants ou les ballots s'ajoutent au choc moral. La chaleur prégnante et moite est affreusement éprouvante, en particulier pour les enfants et les personnes âgées, vite affaiblis. Tout en avançant vers le sud, nous voyons de temps à autre, sur le bord de la route, des cadavres de personnes mortes d'épuisement, ou qui se sont donné la mort, par désespoir. Mais personne n'a ni le temps ni la volonté de s'arrêter pour les enterrer. La devise du moment est « chacun pour soi, et Bouddha pour tous ». Ce spectacle de désolation me bouleverse, je pleure et je maudis intérieurement Seng de nous avoir embarqués dans cette galère. Galère qui ne fait que commencer, car nous y serons plongés pendant quatre ans, quatre ans qui me paraîtront quatre siècles.

Vers 15 heures, nous arrivons dans un village nommé Svay Aloum, à environ vingt-cinq kilomètres de Phnom Penh. Nos soldats auto-stoppeurs nous donnent l'ordre de nous arrêter ; ils descendent, déchargent leur butin et montent dans une pirogue amarrée sur le bord du Tonlé Sap, que nous longeons depuis la sortie de Takhmau. Avant de nous quitter, ils nous disent simplement « maintenant, continuez toujours vers le sud, Angkar vous attend ». Pas de merci, ni d'au revoir.

Angkar, encore Angkar, toujours Angkar… Dorénavant, nous n'entendrons plus que ce mot chaque fois que des ordres ou des changements régleront notre nouvelle vie. Les enfants sont fatigués, le petit déjeuner est loin ; ils commencent à avoir faim et soif, les plus petits, Jeannie et Ha, se remettent à pleurnicher. Nous décidons de nous arrêter à l'ombre d'un manguier pour manger. Il nous reste un peu de poisson séché, du riz, et tout le monde est content de pouvoir se mettre quelque chose sous la dent.

Contrairement aux dires des *yautheas*, nous apprenons que, pas très loin, à Kien Svay, l'argent a encore cours et qu'on peut se procurer fruits, légumes, et autres denrées alimentaires ; c'est étrange, peut-être les villageois ne vont-ils pas tarder à être au courant du fait. Par curiosité, Seng décide de s'y rendre avec 100 000 riels. Après un moment, il revient avec deux cents grammes de sauce de soja qui lui ont coûté 30 000 riels, un kilo de concombres à 20 000 riels, et trois cents grammes de viande de porc à 50 000 riels. Des prix exorbitants ! Plus de doute, l'ancienne monnaie est en train de perdre toute valeur, alors que les produits alimentaires deviennent extrêmement précieux. Quelques jours plus tard, il n'y aura plus un endroit dans le pays où l'on pourra utiliser les billets jusque-là en vigueur ; mais nous continuerons à conserver soigneusement le million de riels qui nous reste, avec l'espoir insensé que tout redeviendra bientôt normal.

Après cette courte pause, nous reprenons la route jusqu'à Prey Touch, mais nous tombons en panne sèche à l'entrée du village, juste devant une bande de *yautheas*. Nouvelle fouille, nouvelles confiscations : cette fois-ci, ce sont les livres scolaires des enfants, deux ou trois livres et magazines en français, nos bracelets-montres et les cassettes de l'autoradio qui disparaissent. « Vous n'aurez plus besoin de lire ni d'écouter de la musique, vous ne parlerez plus le français ni le chinois, nous parlerons tous une seule langue, le khmer. » Sur le moment, j'étais seulement angoissée à l'idée que les enfants ne pourraient plus travailler, je ne connaissais pas encore le sort bien plus tragique qui leur était réservé. Lorsqu'ils estiment qu'ils nous ont suffisamment dépouillés, les *yautheas* nous intiment l'ordre de continuer, toujours dans la direction du sud. Mais comme nous n'avons plus d'essence, il nous faut pousser la voiture pour avancer.

Fort heureusement, le soleil est moins virulent, et à la nuit tombée, nous arrivons devant la pagode de Prey Touch, déjà remplie aux trois quarts de réfugiés. Les bonzes sont encore là ; ils nous distribuent un peu de riz mélangé à du maïs pilé, avec une gamelle de soupe de papaye verte. Repas frugal mais providentiel car les enfants peuvent dîner, nous nous contentons de leurs restes. Après le repas, nous essayons de questionner les personnes qui nous entourent et qui s'apprêtent à repartir : elles-mêmes ne savent pas grand-chose. Ce qui est sûr, c'est qu'on n'est pas encore arrivés à destination, il faut seulement avancer ; jusqu'où ? Personne ne sait. C'est alors que nous rencontrons un voisin de notre immeuble qui, nous voyant dans l'embarras avec la voiture, se propose de nous remorquer avec la sienne.

Nous nous remettons donc en route. Très tard dans la nuit, nous arrivons dans un autre village, où le vieux chef khmer, pas complètement converti mais vivant en « zone libérée par les Khmers rouges » depuis 1972, nous accueille de façon affable. Il nous offre un en-cas et nous autorise à camper sous sa maison sur pilotis. C'est un *« Khmer romdoch »*, un Khmer libéré. Comme d'autres Cambodgiens, il est endoctriné par les Khmers rouges, certes, mais son âge lui concède un reste de sagesse, et un peu d'humanité envers ses semblables.

Les deux petits se sont endormis depuis longtemps, épuisés, et nous-mêmes sommes contents de pouvoir enfin nous assoupir, à même le sol, sans moustiquaire, serrés les uns contre les autres sur une natte dépliée à la hâte.

Le lendemain, le 19 avril, il nous faut reprendre la route au petit jour, le ventre vide. Les enfants, surtout les plus jeunes, se mettent à geindre. Devant leurs pleurs, le vieil homme nous offre une main de bananes et quelques papayes mûres en nous recommandant à nouveau, le regard rempli de pitié comme s'il savait ce qui nous attendait : « Continuez encore un peu, mes enfants, Angkar vous attend... » Toujours remorqués par le voisin, nous arrivons en fin de matinée à Tukveal, à environ quarante-huit kilomètres de Phnom Penh. Nous nous arrêtons à la pagode où campent déjà de nombreux réfugiés, et décidons de rester là jusqu'au lendemain matin. En vérité nous ne savons toujours pas ce qu'il faut faire ni où aller, personne ne le sait d'ailleurs, et Angkar semble plus invisible que jamais...

En face, de l'autre côté du fleuve Tonlé Sap, on aperçoit une île, Koh[1] Tukveal.

Le 20 avril au matin, après un frugal petit déjeuner, nous songeons à lever l'ancre. Au moment où nous commençons à ranger nos nattes dans le véhicule, arrive le chef du village de Koh Tukveal, un certain M. Thiên, accompagné de trois sbires, tout de noir vêtus, coiffés d'une casquette noire, un foulard quadrillé rouge et blanc enroulé autour du cou et chaussés de « sandales Hô Chi Minh ». M. Thiên est également un Khmer vivant en « zone libérée », depuis 1970. Son regard d'acier semble peu enclin à la compassion. Avec ses acolytes, il inspecte l'aspect des réfugiés, les jauge en fonction de ce qu'ils possèdent, et a vite fait de repérer les plus aisés, c'est-à-dire ceux qui possèdent une voiture. Il nous fait signe de nous ranger, et nous explique que nous allons sur Koh Tukveal. Des pirogues attendent déjà les familles choisies, qui subissent une nouvelle fouille avant embarquement, et de nouvelles confiscations, « par mesure de sécurité ». Tout ce qui intéresse les

1. *Koh* signifie « île ».

Khmers rouges disparaît rapidement dans leurs poches : bijoux, eau de Cologne, savonnettes, médicaments, seringues, thermomètres. Je réussis à dissimuler dans un panier quelques produits. Mais la jolie poupée que Jeannie tient dans ses bras, un cadeau qu'elle avait reçu au dernier Noël des enfants du personnel de l'ambassade de France, lui est brutalement arrachée, en dépit de ses pleurs et de ses cris. Les larmes aux yeux, j'implore M. Thiên de la lui laisser, mais il reste inflexible et me répond sèchement que les enfants n'auront plus besoin de jouets, qu'ils n'auront de toute façon plus le temps de jouer, car ils auront d'autres occupations. La mort dans l'âme, impuissante, je ne peux que consoler de mon mieux ma petite fille. À cet instant, je ne comprends pas encore le message que ces monstres veulent faire passer : « Ne vous accrochez pas à vos biens matériels, vous n'en aurez pas besoin, bientôt vous n'aurez plus besoin que de deux rechanges, d'une gamelle et d'une cuillère et de rien d'autre, car Angkar veille sur vous et vous donnera tout ! » Je ressens comme un coup de poignard au cœur chaque fois qu'ils nous confisquent un objet personnel ou un souvenir ; mais au fur et à mesure que nous

nous enfoncerons dans l'enfer, démunis de tout, alors, seuls l'estomac et la survie compteront.

Avant de nous embarquer, les Khmers rouges demandent à mon mari les clés de la voiture, en lui disant qu'Angkar en aura besoin : « Angkar vous l'emprunte et vous la rendra lorsque vous retournerez à Phnom Penh. » Un mensonge de plus, une vaste tromperie que Seng, tout fier de pouvoir rendre service à cet Angkar invisible et tout-puissant, avale sans l'ombre d'un doute.

Premier camp : Koh Tukveal

Avec plusieurs autres familles de Phnom-penhois, dont les voisins qui nous ont remorqués, je prends place dans les pirogues, la gorge nouée d'inquiétude en dépit du calme de Seng. La traversée n'est pas longue, au bout de quelques minutes nous débarquons sur l'île et découvrons un petit village de paillotes sur pilotis, entouré de champs de maïs, de bananiers et de canne à sucre s'étendant à perte de vue. Une liste à la main, M. Thiên répartit les familles chez les villageois. Nous avons un traitement particulier : au lieu d'être parachutés dans une famille d'anciens, M. Thiên nous attribue une paillote vide, juste à côté de la sienne. Mon mari prend pour une distinction ce qui n'est en fait qu'une façon de nous surveiller, et surtout de pouvoir nous confisquer tous nos biens de valeur.

Thiên est un petit monsieur, aux traits fins, sans doute métissé chinois. Il se montre aimable avec nous, un peu trop à mon goût et sa fausse complaisance nous perdra. Sa mère, une vieille dame âgée de quatre-vingts ans, fait en revanche preuve d'une réelle gentillesse envers les réfugiés. « Mes pauvres enfants, mes pauvres enfants, je vous plains... », nous répétera-t-elle souvent, connaissant le sort qui nous était réservé. Mais elle n'ose pas parler, étant elle-même espionnée par ses propres enfants. À partir de cet instant, je dois m'adapter à une nouvelle vie, une vie sans confort, la lune et des bougies faisant office d'électricité, le fleuve d'eau courante, sans chaussures, etc.

Pour notre premier repas dans notre nouvelle résidence, M. Thiên nous offre une petite casserole de soupe de poisson, et une gamelle de riz mélangé à du maïs que nous partageons avec ma belle-sœur et ses quatre enfants. Il nous reste heureusement quelques bananes et une papaye. Dès le coucher du soleil, épuisés, nous nous couchons en hâte. Nous déroulons les nattes à même le plancher de la paillote, fait de lattes de bambou attachées avec des lianes, et avant de sombrer dans un sommeil agité de rêves, je prie le Bon Dieu pour qu'il mette très vite fin à cette situation.

À 6 heures du matin, nous sommes tirés du sommeil par un tintement de cloche : le fils du chef du village – qui, je l'apprendrai plus tard, est en même temps un espion, un « *schlop* » – sonne le rassemblement. Petits et grands doivent se réunir devant la maison du chef. Le Tonlé Sap coulant à proximité de la paillote, je cours me débarbouiller rapidement. Les enfants, réveillés brutalement, commencent à pleurer. Jeannie réclame du lait ; la dernière boîte a été bue pendant le voyage. Désespérée, je me remets à bombarder mon mari de reproches : Pourquoi ne m'a-t-il pas écoutée ? Pourquoi nous a-t-il entraînés ici ? En entendant les pleurs de la petite, la maman de M. Thiên nous offre un bol de riz avec du poisson salé grillé : ce sera le dernier petit déjeuner de Jeannie et de Ha. Dès le lendemain, pénurie oblige, nous devrons nous habituer à n'avoir plus que deux repas par jour.

Une fois tous les nouveaux arrivants réunis, M. Thiên nous inculque, pour la première fois, les dix commandements d'Angkar, à connaître par cœur :

— Tout le monde sera réformé par le travail.

— Il ne faut pas voler.

— Il faut toujours dire la vérité à Angkar.

— Il faut obéir à Angkar en n'importe quelle circonstance.

— Interdiction d'exprimer ses sentiments : joie, tristesse.

— Interdiction d'avoir la nostalgie du passé, l'esprit ne doit pas *vivoat* (s'égarer).

— Interdiction de battre les enfants, car ils sont désormais les enfants d'Angkar.

— Les enfants seront éduqués par Angkar.

— Ne jamais se plaindre de quoi que ce soit.

— Si vous commettez un acte contraire à la ligne directrice d'Angkar, vous ferez votre autocritique en public aux réunions journalières d'endoctrinement obligatoires pour tous.

M. Thiên s'exprime en khmer, je comprends ce qu'il dit, mais comme je ne sais ni lire ni écrire la langue, j'ai dû transcrire phonétiquement les sons que j'ai entendus pour mémoriser cette leçon de bonne conduite qu'il nous faudra par la suite réciter à chaque réunion.

Viennent ensuite les instructions concernant notre « apparence » :

— Nous ne porterons plus jamais de vêtements de couleur.

— Nous teindrons tous nos vêtements en noir, à l'aide du jus d'un fruit appelé *makhoeur* qui pousse sur l'île, pour cela il faut piler les fruits et en retirer le jus que l'on met ensuite à bouillir avec les vêtements pendant environ une heure.

— Les femmes couperont leurs ongles et leurs cheveux : plus question d'ongles longs et manucurés, les coiffures seront courtes, et au carré.

— Nous marcherons pieds nus : plus de chaussures, ni de savates.

— Les personnes ayant des problèmes de vue n'auront plus le droit de porter des verres correcteurs car ils ne seront plus nécessaires.

— Lorsque vous êtes assis sur un banc ou une chaise, interdiction de croiser les jambes l'une sur l'autre, signe extérieur du capitalisme.

Puis il nous fait part de notre nouveau mode de vie : horaires de travail, nouveaux termes à adopter dans le langage de tous les jours :

— Vous travaillerez tous les jours du lever au coucher du soleil ; les samedis, dimanches, jours fériés sont abolis et le travail sera réparti de la façon suivante : les femmes iront planter le maïs, c'est la saison, les hommes seront chargés de défricher les terres encore envahies de broussailles ou d'arbres, on y fera de la canne à sucre.

— Il n'y aura plus que deux repas par jour : midi et soir, ceci pour aider Angkar à faire des économies.

— Le commerce n'existe plus : il n'y a rien à acheter, ni à vendre. Angkar nous distribuera notre ration de riz tous les jours, et une boîte de lait concentré par famille et par semaine (dont on ne verra jamais la couleur). Pour le reste, vous vous débrouillerez.

— Pour dire manger, proscrire l'expression « *pisa bai* », dire dorénavant « *hôp bai*[1] ».

— Le titre de monsieur ou de madame est aboli ; on s'appelle tous *mit*, « camarade » (*mit* pour un homme, *mit neary* pour

1. Les deux expressions signifient « manger », mais « *pisa bai* » était utilisée sous l'ancien régime par les bourgeois et intellectuels, surtout pour s'adresser à une personne plus âgée ou respectée. L'expression « *hôp bai* » a été imposée par les Khmers rouges pour effacer toute différence sociale d'âge.

une femme mariée, et *neary* pour une jeune fille).

— Tout le monde parlera en khmer, interdiction de parler en français, en chinois ou en vietnamien.

Après ce discours, le reste de la première journée est consacré à la mise en pratique des directives nouvelles. Les femmes du village nous coupent les cheveux. Je n'ai pas pu m'empêcher de pleurer en voyant tomber les mèches de ma longue chevelure sous les coups secs de la paire de ciseaux rouillés, mais plus tard lorsque je n'aurai plus de savon ni de shampooing et que ma tête sera couverte de poux, je serai bien contente d'être complètement rasée. Puis elles nous indiquent où trouver les arbres qui donnent les *makhoeurs* pour la teinture des vêtements. Pour les cueillir, il faut taper dans les branches avec une longue tige en bambou, écraser ensuite les fruits dans un pilon, enfin, trouver les récipients adéquats à la teinture de nos vêtements. Rien n'est gratuit ; elles négocient leurs services et informations contre des médicaments ou du riz. À partir de ce jour, le riz, le sel, le sucre et les médicaments deviennent la monnaie la plus précieuse, je l'apprendrai au fur et à mesure que je m'enfoncerai en enfer.

Dès le deuxième jour, tout le monde est mis au travail. Il s'agit de s'adapter, et vite ! Pour nous qui ne connaissons pas les travaux des champs, qui n'avons jamais vécu à la campagne, et moi en particulier, commence alors le bagne. Les villageois distribuent des pioches aux hommes et les emmènent à l'autre bout de l'île pour entamer le travail de défrichement ; les femmes du village rassemblent femmes et enfants, et les conduisent dans les champs déjà retournés pour y semer le maïs.

Comment marcher pieds nus, sans en avoir l'habitude, sur une terre retournée, chauffée et durcie par le soleil ? Le premier jour, je souffre le martyre chaque fois que je pose un pied devant l'autre dans les sillons. Les villageoises, impitoyables, se moquent méchamment de moi : « Regardez comment marchent les citadines ! » Et elles imitent ma démarche. J'essaie de tenir bon, les larmes me montent aux yeux... mais non, il ne faut pas pleurer, nous a-t-on expliqué, en toutes circonstances, même si on perd un être cher. Je dois avouer que tous les Phnompenhois ne sont pas aussi nuls que moi, certains sont originaires de la campagne et pour eux marcher pieds nus semble élémentaire.

Les jours suivants, nous apprenons à mettre les grains de maïs en terre, en en déposant trois à quatre dans chaque trou, espacés d'environ trente à quarante centimètres. Je dois aussi apprendre à puiser l'eau du fleuve, à porter ensuite les seaux remplis à l'aide d'une palanche posée en équilibre sur les épaules pour arroser les sillons.

Dès l'âge de huit ans, les enfants participeront à toutes les corvées. Les plus jeunes, dont Jeannie et Ha, resteront à la maison toute la journée. Deux à trois fois par semaine, avec des enfants de leur âge, ils iront chercher du bois, pour la cuisine. Plus question de jouer, ils sont capables de travailler, Angkar se chargera de les en persuader. Les Khmers rouges pensent que les enfants sont comme une feuille de papier blanc sur laquelle ils pourront imprimer ce qu'ils veulent. En très peu de temps, Angkar va remodeler l'esprit de nos enfants et leur transmettre son idéologie. Ces monstres se serviront des enfants pour espionner les adultes, leurs parents, lesquels sont considérés comme pourris, corrompus et irrécupérables. Le but d'Angkar est de créer une nouvelle nation, avec les bonnes graines qu'ils auront gardées après triage.

Après cette première journée de travail, je suis tellement fatiguée et courbaturée, que je peux à peine avaler mon précieux bol de riz. Précieux, car c'est le dernier bol de riz bien blanc auquel nous aurons droit. Dès le lendemain, il sera systématiquement mélangé à du maïs ; Angkar est en rupture de stock, il faudra se serrer la ceinture, et nourrir les enfants en priorité.

En quelques semaines, grands et petits perdent plusieurs kilos. Les enfants n'ont plus aucune vitalité, aucune envie de jouer, de rire. Mon mari, de nature plutôt costaude, habitué à son whisky quotidien et à ses cigarettes, voit fondre sa réserve de graisse en l'espace de quelques jours, et doit se mettre au régime eau de pluie et tabac, troqué, enroulé dans des feuilles de bananier séchées. Son visage se creuse de façon impressionnante.

Quelques jours après notre arrivée sur l'île de Tukveal, nous sommes convoqués, un matin, dans la pagode qui se trouve sur la terre ferme. Tout le monde doit fêter la victoire et la libération du pays par les courageux *yautheas* ! Nous partons donc avec notre casse-croûte glissé dans une gamelle en feuille de palmier, appelée « *smok* ». Il faut reprendre les pirogues pour retraverser le fleuve.

Persuadés que nous rentrons à la maison, les enfants sont tout contents... moi-même, j'espère en secret : des rumeurs ne circulent-elles pas pour dire qu'Angkar réintègre la population ?

Les réfugiés affluent de tout côté, la pagode se remplit rapidement ; les « spectateurs », sagement assis à même le sol, attendent patiemment l'arrivée d'Angkar. Il finit par apparaître... représenté par un groupe de trois à quatre hommes, habillés de pyjamas noirs, avec leur incontournable foulard à carreaux rouges et blancs enroulé autour du cou et leurs sandales Hô Chi Minh. L'un d'eux, qui semble être le chef de la bande, commence alors un long discours faisant l'éloge des *yautheas pakdevat*, les soldats de la révolution, et retraçant toute l'histoire du Cambodge depuis le règne de Sihanouk jusqu'à la victoire des Khmers rouges.

« Camarades, avant notre victoire, nous avions demandé à ceux d'entre vous qui sont étrangers de quitter la capitale et à nos compatriotes de rejoindre le front de libération, pourquoi ne l'avez-vous pas fait ? Sachez qu'à compter de ce jour vous êtes prisonniers, vous êtes les prisonniers de guerre d'Angkar ; en principe, nous devrions vous fusiller, tous autant que vous êtes, mais les munitions coûtent cher... Aussi, Angkar va faire un tri pour éliminer les mauvais éléments par le travail et les privations. Angkar a besoin d'un peuple nouveau, pur et travailleur. Tout le monde deviendra *kamakors* (paysans) et *kaksekors* (ouvriers). Il n'y aura plus d'écoles, plus de livres ; votre université sera la forêt et les rizières ; vos diplômes, vous les décrocherez avec vos larmes et la sueur de votre front. Votre argent, celui des impérialistes de Lon Nol, n'a plus aucune valeur, il sera remplacé par la nouvelle monnaie d'Angkar[1]. De toute façon, vous n'aurez pas à vous en servir : vous vivrez du fruit de votre travail, de troc et de ce qu'Angkar vous distribuera.

1. Ils affichent, en effet, à l'entrée de la pagode quelques coupures de la nouvelle monnaie, qui ne servira jamais.

« Écoutez, camarades ! Il ne faut plus espérer retrouver vos maisons à Phnom Penh ! Votre ville est devenue un gigantesque entrepôt. Il n'y a plus d'ambassades, plus d'Américains, plus de Français... le pays n'a plus besoin de l'aide étrangère ! La médecine occidentale sera désormais remplacée par les plantes... Nous n'aurons plus besoin de carburant, les machines utiliseront du charbon de bois ! Les Français, en quittant notre pays, ont laissé des voitures, nous les remercions ! mais, nous nous servirons de nos jambes, et nous récupérerons les moteurs pour les machines agricoles ou pour les pirogues, tandis que les pneus serviront à fabriquer des sandales... »

Je pense à notre belle voiture que Seng a confiée à M. Thiên, croyant l'avoir mise à l'abri tout en rendant un précieux service à Angkar... Le discours continue. Je me demande si je ne suis pas en train de faire un affreux cauchemar : en fait de progrès, le Cambodge est en train de régresser ! Je commence à désespérer, mais mon mari, optimiste impénitent, toujours aussi confiant dans le régime, entreprend de me rassurer : « Angkar a raison, c'est comme ça qu'on obtiendra une nation forte et pure », et il me murmure à l'oreille : « Il faut *to sou* [1]. »

À la fin de la première harangue, un autre homme prend la parole : « Angkar va avoir besoin de main-d'œuvre, surtout des ouvriers à Phnom Penh, car il va réouvrir les usines de tissage, les fabriques de piles, de filets à pêche, ou encore de lait concentré sucré, comme Sokilait... »

Je réagis à ce nom, car j'ai travaillé à la Sokilait comme secrétaire de direction.

Le Khmer rouge continue : « Il faut nous dire dès maintenant toute la vérité sur votre identité, votre passé et vos compétences. Ne cachez rien à Angkar qui doit faire un choix. »

Chacun reçoit alors un questionnaire à remplir où il faut décliner nom, prénom, profession sous l'ancien régime, nombre de personnes par famille. Certains Cambodgiens comprennent le stratagème, conistant à repérer militaires, professeurs,

1. Terme cambodgien signifiant « lutter » employé dans l'un des principaux slogans propagandistes de l'époque : « *to sou pakdewat* » : il faut « lutter pour faire la révolution »...

médecins, en un mot les intellectuels, considérés comme traîtres. Tous déclarent être paysans, marchands ambulants, coolies, balayeurs ou conducteurs de cyclo-pousses… Tous, ou presque, à l'exception de Seng qui pense qu'il ne faut surtout pas mentir à Angkar, et qui livre les renseignements exacts sur toute sa famille : je suis française, je travaille à l'ambassade de France, lui-même est entrepreneur de son état, il a beaucoup travaillé avec des gens de l'armée. Bref, il avoue fièrement tout ce qu'il faudrait cacher.

Une fois toutes les feuilles ramassées, Angkar déclare la réunion terminée. Nous avons alors le droit de manger le contenu de notre gamelle, dans une soudaine ambiance de détente et de fête. Tout un chacun s'imagine déjà retournant à Phnom Penh et s'en réjouit, même si c'est pour y travailler comme ouvrier. Je me revois un court instant ouvrière à la Sokilait, je dirai à Angkar que je connais l'usine, que j'y ai travaillé, simple fantasme qui m'aide à oublier quelques minutes que nous sommes en mauvaise posture.

De retour sur l'île en fin d'après-midi, le chef du village nous réunit comme tous les soirs après le travail : il faut bien nous éduquer... Il nous annonce qu'il est désormais formellement interdit de s'exprimer autrement qu'en khmer. Moi qui ne maîtrise pas encore bien la langue, je devrai me taire avant de l'apprendre sur le tas. M. Thiên nous recommande également de ne plus échanger nos souvenirs à la nuit tombée, car Angkar n'aime pas que l'esprit s'égare dans la vie de corrompus que nous avons connue. Pour l'instant, nous n'avons pas encore l'habitude – ni l'envie ou le temps – de nous émouvoir sur notre bonheur d'hier. Les souvenirs viendront plus tard, quand nous aurons vraiment faim : à voix basse, pendant notre travail aux champs, nous évoquerons, avec ma belle-sœur, nos plats préférés et saliverons à la connotation tout à fait surréaliste de nos chuchotements.

Mais le chef a parlé : pas le droit d'évoquer notre passé.

Quant à notre avenir, il semble bien sombre.

Selon les commandements d'Angkar, chaque village reçoit l'ordre d'accueillir entre cinquante à cent familles. Sur l'île, M. Thiên continue d'accueillir des réfugiés, cinq à dix familles arrivent par jour, toujours de milieu aisé, plus rentables à la fouille.

Les jours, les semaines, les mois passent. Combien ? Nous n'avons plus de calendrier. Depuis notre arrivée, j'essaie de me repérer en inscrivant la date sur le mur de la paillote avec un morceau de charbon de bois.

Toujours pas de nouvelles de notre retour à Phnom Penh. Ma vie de paysanne se poursuit : une vie sans électricité, sans eau courante ; réveil quotidien à 5 heures du matin, rapide toilette dans le fleuve, puis, le ventre vide, le départ dans les champs de maïs, de cannes à sucre, ou de tabac pour arroser, désherber ou planter du manioc, de la patate douce, de l'arachide, et divers légumes, courges, potirons, concombres, haricots, aubergines. J'apprends à planter le tabac, denrée très précieuse et recherchée. L'île en produit pour l'échanger contre du sucre de palme dont elle manque. La culture du tabac est prédominante et demande beaucoup de travail : cueillette, séchage et coupe. Et puis il y a la culture du riz, primordiale, pour laquelle il me faut apprendre à retourner la terre, semer, déraciner, repiquer, récolter, battre les tiges pour recueillir les grains puis les piler pour obtenir le grain de riz tout blanc. Pas le temps de chômer. Lorsque les terres de l'île ne suffisent plus, les habitants exploitent la terre ferme, à l'ouest, plusieurs hectares de rizières où nous sommes tous envoyés, hommes, femmes, enfants.

J'apprends à travailler la terre.

Petit à petit, j'apprends aussi à répondre correctement à mes geôliers, à naviguer dans leurs eaux troubles, à jouer la soumission pour échapper à la mort. Du fait de ma nationalité française, les paysans Khmers convertis et les Khmers rouges, en particulier leurs femmes, se moquent de moi méchamment et m'appellent « *yé barang* » (vieille française) ou « *yé ponso* » (vieille ponso – déformation de mon nom, imprononçable pour des Cambodgiens) :

« Alors, *yé barang,* dans ton pays, est-ce que tu travaillerais comme ça ?

— Oh non, camarade !

— Est-ce que tu es contente d'être ici ?

— Oui, camarade ! Grâce à Angkar j'apprends beaucoup de choses. Dans mon pays, je n'aurais jamais appris tout ça. Si, si, je suis très contente de faire ce que je fais ici parce que sinon je n'aurais jamais su. »

Ce qu'ils veulent entendre, je le leur baragouine, en khmer, bien entendu.

Je courbe le dos dans le sens du vent, tel le roseau.

Au bout d'un mois, la nourriture commence véritablement à manquer. En dehors du riz, du maïs et du sel, nous n'avons plus rien. Nous ramassons des mangues et des papayes pourries ou à moitié mangées par les oiseaux et tombées des arbres, nous obtenons parfois des œufs de cane en échange de quelques cachets d'aspirine. Question poisson et viande, c'est à nous d'être assez malins pour nous en procurer.

À trente et un ans, je suis devenue d'un coup une vieille femme, complètement desséchée. Dès les premiers mois, avec les chocs émotionnels et le régime imposé, mes règles disparaissent – elles ne reviendront qu'un an après ma libération par les Vietnamiens. Même symptôme pour ma belle-sœur Li, mes nièces, et toutes les autres réfugiées. Seules les femmes des Khmers rouges ou les villageoises nanties et adhérant au Parti conservent un cycle régulier, car elles s'alimentent normalement... Mais, paraît-il, nous vivons dans un paradis, donc nous n'avons pas le droit de nous plaindre.

Les travailleurs sont répartis par catégorie, et la nourriture est distribuée en fonction de leur rendement : en haut de l'échelle, les hommes et les jeunes gens, considérés comme la première force homme (*yuvachuon*) ; puis les femmes (*yutneary*) en bonne santé, qui ont à peu près de quoi se sustenter ; enfin les personnes âgées, les enfants en bas âge et les adultes malades, physiquement ou moralement, ceux qui n'ont pas le courage de travailler et qui, considérés comme des « bouches inutiles », doivent se contenter de la portion congrue, quand ils ne sont pas totalement privés de leur ration quotidienne, et contraints de prendre sur celle des autres membres de la famille.

Mon fils, Jean-Jacques, dix ans, travaille. Il reçoit la ration d'un adulte ; sa sœur Jeannie, seulement sept ans, n'est pas productive : elle n'a droit qu'à une demi-part. C'est ainsi que fonctionne l'égalité du régime.

De toute façon, pour les Khmers rouges, les personnes âgées et les malades ne comptent pas, ils ne servent à rien.

Chaque groupe de travailleurs est sous les ordres d'un responsable qui joue en même temps le rôle de *schlop*. La présence des *yautheas* n'est même pas nécessaire pour nous surveiller : où pourrions-nous nous enfuir ? Nous sommes enregistrés ici, comment trouver de la nourriture ailleurs ? Comment se révolter sans armes, alors que les hommes sont emmenés les uns après les autres ? Les réfugiés sont passifs, épuisés dès les premières semaines ; la résistance physique et morale consiste essentiellement à rester en vie.

Nous travaillons cinq ou six jours d'affilée, puis on nous laisse une matinée de libre pour aller pêcher... encore faut-il avoir la technique !

Un jour, j'ai l'occasion de participer à une pêche avec quelques femmes du village. Une découverte de plus pour la citadine que je suis. Nous partons en pirogue, à 5 heures du matin, pour nous rendre sur l'île de Taloun, située à l'est de Tukveal. Là, au moment de la baisse des eaux, apparaissent des sortes de marais appelés « *bengs* », où les poissons restent terrés dans la boue pour pondre. Nous entrons dans l'eau jusqu'aux genoux. La pêche se fait à l'aide d'une nasse en osier ouverte vers le haut que l'on pose dans l'eau. Il faut remuer la boue pour débusquer les poissons et réussir à les capturer dans la nasse. Pour moi, c'est un exercice difficile et sportif, pour les villageois, un jeu d'enfant... En une journée, avec leur aide, je réussis à capturer plusieurs kilos de poissons de toutes sortes, y compris un serpent d'eau à la chair recherchée, de quoi nourrir toute la famille pendant quelques jours.

Par la suite, ma belle-sœur trouve une autre méthode de pêche miraculeuse, dont elle me fait profiter. Les poissons d'eau douce aiment manger les déjections humaines ; fortes de cette vérité biologique, nous nous levons tôt le matin, avant tout le monde, allons au bord du fleuve sur un petit ponton assez bas, mettons un panier en osier dans l'eau, en le tenant à deux mains, puis faisons nos besoins dedans ; aussitôt nous entendons les poissons frétiller dans le panier qu'il faut retirer alors très rapidement. Nous ramassons ainsi quatre à cinq poissons chaque fois.

C'est le système D, une solution de survie provisoire pour nous et nos enfants.

Je m'entends très bien avec Li. C'est une femme gentille, courageuse, travailleuse comme toutes les Chinoises, et son côté zen face à la difficulté de notre situation me sidère encore. Sa foi aveugle envers ce régime lui permet probablement de garder une telle distance avec notre réalité.

Heureusement qu'elle est là, avec moi. Bien que nous ne devions pas évoquer nos impressions ou notre vie passée, nous nous soutenons moralement et nous comprenons à demi-mot.

Je n'ai pas de souvenir précis de nos états d'âme du moment. Comment Jean-Jacques, Jeannie, les nièces et neveux réagissent-ils à cette situation ? Que font les plus petits à longueur de journée, lorsque nous sommes aux champs ? Ils n'ont plus le droit de jouer à la poupée, à la marelle, à cache-cache, ni de sauter à la corde comme tous les enfants de leur âge ; ils ne vont plus à l'école et ne mangent plus à leur faim. Je me rappelle seulement qu'ils pleurnichent tous les matins, avant notre départ, et quémandent un petit déjeuner qui n'arrive pas. Puis, n'ayant plus d'énergie pour poser de questions, le regard dans le vide, ils se taisent, comprenant certainement la situation. Comme si, malgré leur présence, ils étaient absents. Ils ne demandent jamais : « Maman, papa, qu'est-ce qui se passe, qu'est-ce qu'on va faire ? » De notre côté, nous ne les embrassons plus, ne les caressons plus comme jadis. Par crainte de représailles, je ne m'amuse plus avec Jeannie, ne lui prodigue plus aucun soin. Tous les petits gestes quotidiens qui créent la complicité entre parents et enfants n'existent plus. Tout est anéanti entre nous. Les enfants se débrouillent, ils se lavent seuls dans le fleuve, mangent seuls le premier repas de la journée qu'Angkar leur distribue à midi. Aujourd'hui, en y repensant, j'en souffre terriblement.

Au début, quand je constate qu'ils ne vont plus à l'école, qu'ils n'apprennent plus rien, je me demande, angoissée, comment ils pourront rattraper ce retard. Je regrette alors amèrement de ne pas les avoir confiés à Michel Deverge, l'attaché culturel. Mais peu à peu les préoccupations de l'estomac me détournent de ces pensées... Nous étions pris dans un engrenage infernal, un piège mortel qui se refermait sur nous un peu plus de jour en jour. Il fallait travailler, travailler encore et encore pour notre survie et celle de nos enfants.

Pendant que je suis envoyée avec Li dans les champs de manioc ou de patates douces, mon mari défriche une forêt avec les hommes. Je ne le vois pas de la journée : il part à l'aube avec sa gamelle en osier et ne revient qu'à la tombée de la nuit. Et il continue toujours à bavarder...

Seng crée ce qu'il croit être des liens d'amitié avec M. Thiên. À aucun moment, il ne se méfie de lui, pas une seule seconde il ne se doute que ce dernier est un espion d'Angkar qui cherche à démasquer les traîtres, l'épuration entreprise par les Khmers rouges n'étant pas seulement ethnique, mais aussi sociale. Seng ne sait pas encore qu'il est déjà sur la liste des personnes « à éliminer », il ne sait encore rien...

Lorsque nous sommes à court de riz, M. Thiên nous dépanne. Lorsque M. Thiên tombe malade, mon mari puise dans notre précieuse réserve de médicaments pour lui donner quelques comprimés d'Aspro. Un jour, en revenant d'un champ situé sur la terre ferme, mon mari rencontre à la pagode deux amis qui viennent d'arriver avec leur famille. C'est l'ancien propriétaire de notre appartement à Phnom Penh. Lui est commissaire de police, son gendre soldat gouvernemental, et un autre voisin instituteur. Seng décide d'aller parler au chef du village pour qu'ils soient logés près de chez nous. Il accepte tout de suite sa requête. Croyant bien faire, Seng décline alors l'identité et la profession de ses « camarades ». Or, sans le savoir, il vient de commettre une erreur monumentale. Il a signé leur arrêt de mort et le sien.

Et puis Seng parle beaucoup trop. À chaque occasion, il répète à M. Thiên qu'il admire beaucoup le travail d'Angkar ; fait l'éloge des communistes chinois, déclame les pensées de Mao. Il se lie aussi d'amitié avec un villageois, nain et bossu, à qui il rabâche ses convictions politiques ; il lui raconte qu'il écoute Radio Pékin sur le petit poste de radio portatif que nous avons réussi à conserver. D'après les informations chinoises, Samdech Sihanouk va revenir à Phnom Penh, et toute la population pourra réintégrer la capitale et retrouver sa vie d'avant. Quelle gaffe ! Le nain bossu s'avère être un *schlop* ! Un soir, vers minuit, des *yautheas* débarquent silencieusement dans la paillote de M. Thiên, où se tient une réunion secrète. Nous sommes logés juste à côté. Préoccupée par notre situation, je ne trouve pas le sommeil ; je tends l'oreille pour essayer de comprendre ce qu'ils se racontent, et saisis des bribes de phrases : « ne pas laisser les nouveaux écouter les radios étrangères », « confisquer les postes de radio », et puis aussi « rapatrier les Vietnamiens » ! Bien que ne parlant pas encore trop le khmer, je comprends parfaitement ce qui se dit. Très inquiète, je réveille Seng pour lui faire part de ce que j'ai entendu, mais il me rabroue en disant que je n'ai certainement pas bien compris, et que de toute façon il n'y a rien à craindre.

Le lendemain, M. Thiên vient demander à mon mari de brancher son poste sur la chaîne nationale ; le surlendemain, il le lui emprunte, sous prétexte que le sien est en panne. Nous ne reverrons jamais la couleur de l'appareil.

Mais mon mari n'a toujours pas compris que le silence est d'or. Avec son ami le commissaire de police, il continue d'échanger de grandes idées en allant aux champs, de commenter les nouvelles glanées à droite et à gauche. Très vite, ils sont tous les deux repérés par les *schlops,* et suivis de près. C'est ainsi que le nain bossu commence à poser des questions à Jean-Jacques : « Est-ce que ton papa a un fusil ? Est-ce que tu l'as déjà vu en tenue militaire ? »... Cet interrogatoire m'inquiète au plus haut point, mais Seng n'en a cure ; il tente de me rassurer.

Mais, le commissaire ne lui porte pas chance. Grande gueule, ce dernier se vante beaucoup, se moque des interdits, et continue à parler le français et l'anglais. Deux mois après son arrivée, quatre *schlops* l'emmènent un soir, après dîner, arguant qu'Angkar a besoin de ses services : il est le premier « admis » – comme disent les villageois de l'île – en camp de rééducation[1].

Environ deux semaines après son arrestation, le 15 juillet 1975, les *schlops* reviennent pour embarquer vingt autres hommes, à 5 heures du matin, avant qu'ils ne partent au travail. Parmi eux, le gendre du commissaire, ancien militaire de Lon Nol, l'instituteur, notre voisin à Phnom Penh, et Seng. Les espions mentent aux enfants : « Ne vous inquiétez pas, votre père va revenir. Angkar l'emmène dans un camp d'éducation pour " *riengsoth* " (pour apprendre). »

Ce jour-là, je suis expédiée dès 4 heures du matin, avec les autres femmes, dans les champs de maïs à l'ouest de l'île. Quand je rentre le soir, je trouve les enfants en pleurs devant la paillote. Je leur demande ce qui se passe. M. Thiên intervient, tentant de me rassurer : « Angkar cherche simplement à obtenir quelques informations, car votre mari a été dénoncé par son ami, le commissaire, mais il sera là dans vingt-quatre, quarante-huit

1. « Être admis en camp de rééducation » signifiait être condamné à mort, mais personne ne le savait, à l'exception des Khmers rouges et de leurs familles.

heures au plus tard, ne vous inquiétez pas ! »

Et puis jamais plus aucune nouvelle de Seng.

Sans la présence de ma belle-sœur, je me sentirais bien seule.

Tous les soirs après le travail, de ma paillote située au bord de l'eau, je vois passer sur le fleuve des cadavres nus attachés à des troncs de bananiers. Secrètement, je prie le Bon Dieu pour qu'il n'y ait pas, parmi ces corps, celui de mon mari.

Ce mois de juillet est aussi celui des premières récoltes de maïs sur la terre ferme. En une journée, l'équipe des femmes doit ramasser des épis de maïs sur deux à trois hectares, les charger sur des charrettes, les emporter jusqu'au bord du fleuve où il faut ensuite les transférer sur les pirogues. Le soir, de retour sur l'île, on nous distribue ce que nous avons récolté, environ vingt kilos par personne, pour toute la saison. Du coup, nous sommes privées de riz et ne mangeons plus que du maïs, sous toutes ses formes, matin et soir. À ce régime mononutritionnel, nos intestins commencent à se dérégler.

Deux semaines après l'arrestation des « traîtres », Angkar perquisitionne pour la deuxième fois notre « domicile[1] ». Ce jour-là, on nous a fait quitter l'île à 3 heures du matin pour travailler dans un champ situé à sept kilomètres du village. À notre retour, les enfants nous informent que deux *schlops* accompagnés de M. Thiên sont venus et ont fouillé nos sacs. Décidément ces espions qui rôdent la nuit sous les maisons pour écouter les conversations des uns et des autres sont à éviter comme la peste. Mais personne ne sait jamais qui est *schlop*... Lors de la première fouille, j'avais pu cacher quelques affaires, mais cette fois-ci, presque tout a été raflé, tout ce que les Khmers rouges ont jugé inutile pour nous, mais très utile pour eux, médicaments, savons... ainsi que mon précieux carnet d'adresses. La perte de ce petit carnet signifia pour moi la rupture totale et définitive avec ma vie de « corrompue ».

Vers la fin du mois d'août, le bruit se met à courir qu'Angkar autorise la population à réintégrer sa ville ou sa province d'origine, et comme pour confirmer cette nouvelle, des bateaux descendent le Mékong et remontent chargés de réfugiés. Personne ne sait où ils sont débarqués, les uns parlent

1. Paillote de fortune.

de Phnom Penh, les autres de Kompong Chhnang… Des circulaires sont distribuées dans les villages : les individus originaires des provinces de Kompong Cham, Kompong Chhnang, Kompong Thom, Svay Rieng et Prey Veng sont priés de retourner chez eux. Quelle joie ! Tout le monde veut partir immédiatement, sauf les Phnompenhois, qui n'ont pas reçu l'autorisation de retourner dans la capitale. Dernière formalité avant de quitter les lieux : les *moulakbans* [1] prétendent qu'Angkar doit encore confisquer quelques biens.

Une nouvelle fois, les réfugiés sont bernés par le fameux Angkar : aucune réintégration dans les provinces d'origine n'a lieu, mais une deuxième déportation dans des régions encore plus dépourvues, plus hostiles, où des traitements encore plus barbares les attendent.

Et puis vers la mi-septembre arrive chez M. Thiên une liste de noms de toutes les familles ayant résidé à Phnom Penh ; ma belle-sœur et moi devons quitter l'île le jour même, avec nos enfants. Je ne suis pas du tout enthousiaste, car j'ai toujours l'espoir – largement entretenu par le chef du village – que Seng reviendra un jour, ce à quoi

1. Les îlois.

il m'est répondu : « Ne vous inquiétez pas, partez tranquillement, votre mari saura où vous retrouver... » Ces propos ne me rassurent pas vraiment, d'autant que la mère de M. Thiên en personne me déconseille fortement de partir : « Ma pauvre fille, ce n'est pas à Phnom Penh que vous irez, la ville est réservée aux familles des *yautheas*, mais dans les régions montagneuses où il n'y a rien. Essayez d'obtenir l'autorisation de rester avec nous, je vous aime comme ma fille et nous avons besoin de gens comme vous, pleins de volonté dans le travail. » Je lui demande alors de plaider notre cause auprès de son fils. Démarche vaine, car la liste vient d'en haut ; c'est un ordre irréversible.

Nous laissons à la maman de M. Thiên les objets qui nous encombrent tels que vêtements de couleur n'ayant pas servi, marmites, casseroles, mais conservons une casserole et une bouilloire. Le 15 septembre 1975, cinq mois après notre arrivée et deux mois après la disparition de Seng, nous quittons l'île, la mort dans l'âme.

En début d'après-midi, une pirogue nous dépose, Li, les enfants et moi, sur la terre ferme, dans la pagode déjà remplie de candidats au retour. Le soir, M. Thiên revient nous distribuer, une dernière fois, notre ration de riz. Li et moi allumons un feu pour la cuisson ; à défaut de bois, nous nous servons à contrecœur des billets de banque de l'ancien régime comme combustible. Les deux millions de riels font très bien l'affaire…

Et peu à peu, sans raison, l'espoir l'emporte sur l'angoisse. Nous sommes tellement excitées que nous avons du mal à trouver le sommeil cette nuit-là.

Le voyage de non-retour

Le lendemain matin, quelle surprise à la vue de la file de camions militaires ! Tout le monde est content, excité et impatient d'embarquer. Nous pensons tous que Phnom Penh nous attend.

Au moment de l'enregistrement, je décline de nouveau, très sereinement et en toute confiance, mes nom, prénom, et le nombre de personnes par famille. Une fois cette formalité accomplie, nouvelle fouille, nouvelle confiscation, et nous contemplons, avec désespoir, le peu d'affaires qui nous reste voltiger dans les airs. L'un des *yautheas* tombe alors sur mon album de photos et le lance violemment par terre en disant d'un ton tranchant : « Pas de souvenirs qui vous rappellent votre vie passée, tout doit être effacé et oublié. » Je pleure, je l'implore, je lui dis que c'est tout ce qui me reste de mes parents, de mon père. Il regarde la photo de papa, couvert de décorations décernées par le roi du Cambodge... hésite une seconde... et me dit sèchement : « D'accord, tu peux garder cette photo, camarade, mais seulement celle-ci », et jette toutes les autres, mais mes nièces réussissent à les récupérer et à les faire disparaître dans leurs poches.

Puis nous sommes tous embarqués, entassés comme des animaux dans les camions portant des plaques *made in China*[1] dont les bâches restent baissées. Nous démarrons vers 9 heures – je n'ai plus de montre mais c'est mon estimation d'après la position du soleil –, et nous suivons le voyage par l'entrebâillement de la bâche. Après Takhmau, au lieu d'aller tout droit sur Phnom Penh, par le sud, le camion fait un grand détour par Kompong Kantuot, à l'ouest, et emprunte la route de Pochentong pour rejoindre la ville. Nous sommes tous fous de joie en apercevant les premières maisons car nous

1. Étrange que ces camions soient « *made in China* », alors que lors du premier discours d'accueil dans la pagode, Angkar nous affirmait que le pays n'avait pas besoin d'aide étrangère.

croyons toujours que nous allons réintégrer la capitale.

Les camions entrent dans une ville déserte. Pas un chat à l'exception de quelques *yautheas*, tout de noir vêtus, à pied ou en vélo. Nous traversons Phnom Penh, passons devant le marché central, complètement vide, mais entouré de magnifiques cocotiers. Je me demande comment « ils » ont réussi en si peu de temps à faire pousser d'aussi beaux cocotiers, chargés de fruits. En fait, et je l'apprendrai par la suite, sous chaque arbre, ils ont enterré les personnes exécutées sommairement au moment de la prise de Phnom Penh. Les monstres !

Puis le camion se dirige vers le nord de la ville où nous pensons qu'ils vont nous installer. Nous roulons maintenant sur le boulevard Monivong menant à l'ambassade de France, mon cœur bat la chamade, je suis à la fois triste et émue de revoir cette rue qui m'est si familière. À gauche avant l'ambassade, la cathédrale est devenue un tas de pierres ; à droite, le grand hôtel Royal est toujours debout ainsi que le lycée Descartes où j'ai fait toutes mes études secondaires ; un peu plus loin, les locaux de l'ambassade sont bien là, mais déserts, devant la façade pousse un champ de maïs. Ils ne perdent pas de temps, « chaque parcelle de terre doit être cultivée », selon leur devise ; ils veulent anéantir tout ce qui se rattache au capitalisme et ramener tout le monde à la vie agricole.

Mais nous ne nous arrêtons toujours pas ; toutes les maisons sont vides ; plus loin, en apercevant l'usine de fabrication de lait concentré sucré Sokilait, fermée, je suis toute remuée et me rappelle, avec colère, le discours des *yautheas* lors de la toute première réunion dans la pagode selon lequel Angkar avait besoin de nous pour les usines ; un mensonge pour nous faire avouer notre passé... Il n'y a pas la moindre trace de vie dans Phnom Penh en dehors des *yautheas*. Nous sortons du quartier nord et continuons par la nationale ; je me rends alors compte que les Khmers rouges nous ont encore une fois bernés, et que nous ne reverrons jamais nos maisons.

Il doit être 13 ou 14 heures car le soleil commence à décliner. Nous roulons depuis le matin sans aucun arrêt pipi. Les personnes âgées, malades, et les enfants ne pouvant se retenir font leurs besoins dans le camion. Une odeur nauséabonde commence à envahir l'habitacle, mais les *yautheas* n'en ont cure, ils se comportent comme s'ils transportaient du bétail et non des êtres humains. À la limite du désespoir, tout le monde se met alors à crier, à vitupérer, pour demander une halte, enfin accordée. Nous nous précipitons tous dehors pour nous soulager, et humer un peu d'air frais. Dans notre camion, deux personnes âgées sont mortes. Nous avons tous faim et soif, mais il ne reste plus grand-chose dans nos paniers : juste un peu de riz froid, du sel et un fond d'eau bouillie dans une gourde, ce sera pour les enfants qui crient famine mais ne posent toujours aucune question, se contentant juste de manger s'il y a encore quelque chose à manger, en route vers leur tragique destin…

Au bout de quelques minutes, il nous faut remonter dans la bétaillère bâchée et nous entasser en poussant les cadavres de côté, car ils continueront le voyage avec nous. Quelqu'un se hasarde alors à demander : « *Mith*, où allons-nous ? » Laconique, le *yauthea* installé à côté du chauffeur répond : « Nous ne sommes pas encore arrivés. » Toutes les villes de province que nous traversons s'avèrent aussi désertes que Phnom Penh. Le voyage semble éternel, la nuit est tombée depuis longtemps, les enfants sont morts de fatigue, mais tiraillés par la faim ils ne peuvent dormir et se remettent à pleurnicher. Nous roulons toujours sans connaître notre destination finale, et nos bourreaux ne s'inquiètent pas le moins du monde de savoir si nous avons besoin de boire ou manger.

Enfin, vers minuit, nous arrivons à Pursat, notre première étape, où, soi-disant, nous devons prendre le train le lendemain. Le coin grouille d'une foule de réfugiés semblables à nous. Les *yautheas* nous indiquent un point de distribution de riz et de sel, où tout le monde se précipite. Après une longue attente, Li et moi sommes en possession des précieuses denrées, mais il nous faut encore trouver un endroit pour dresser une tente et nous mettre à l'abri de la rosée. Les enfants, affamés et exténués, ne cessent de pleurer. La nuit est sombre, sans lune, et je ne me sens pas très rassurée… Depuis mon plongeon brutal dans cette vie moyenâgeuse, je bénis les nuits de pleine lune dont la clarté nous sert de lumière. Je demande à une dame où trouver un peu d'eau pour faire cuire le riz. Elle me désigne une mare, à la sortie du campement, autour de laquelle circulent des silhouettes noyées dans l'obscurité. À l'aveuglette, n'ayant qu'une idée en tête :

boire et faire cuire le riz, je puise donc un seau d'une eau vaguement blanchâtre... Avec trois pierres dénichées à la hâte, ma belle-sœur et moi réussissons à installer une sorte de fourneau. Une fois la faim des grands et des petits plus ou moins calmée, nous déroulons les nattes à même le sol, accrochons tant bien que mal la moustiquaire à quatre branches dénichées sur les lieux, et nous nous endormons en espérant un lendemain meilleur.

Au petit jour, je retourne à la mare pour faire un brin de toilette. Devant le spectacle, je manque rendre mes tripes : tout autour du bassin s'amoncellent des paquets d'excréments, à croire que le campement entier est venu ici pour se soulager, c'est immonde, mais l'eau nous est indispensable, qu'elle soit limpide ou saumâtre, et c'est la seule réserve du campement.

Nous passons trois jours dans ces conditions : du riz, du sel, un peu de sucre de palme nous sont distribués et nous nous servons de l'eau croupie pour la cuisson. Il n'y a rien à faire, rien à voir ; parqués en rase campagne à proximité de la ville de Pursat, pas loin de la ligne de chemin de fer, nous nous contentons d'attendre. Si le calendrier conservé dans ma tête est exact, le train que nous attendions pour le lendemain n'arriva que le 19 septembre 1975 vers 17 heures, un train de marchandises vide. Nous recevons alors l'ordre d'y embarquer immédiatement. Les familles désignées (et nous en faisons partie) se précipitent, jettent pêle-mêle leurs maigres baluchons dans un coin du wagon. Nous y prenons place à notre tour. Il n'y a pas de siège, chacun a juste la place de s'asseoir à même le plancher. Une fois tout le monde entassé dans les wagons, ces monstres nous annoncent sans donner de raisons que le train ne partira pas et que nous devons y passer la nuit. Le wagon est plein à craquer ; assis, les jambes pliées, serrés les uns contre les autres, nous cherchons en vain le sommeil. Je prends ma petite fille dans mes bras pour l'aider à s'endormir dans une position un peu plus confortable, Li fait de même avec Ha. Jean-Jacques, lui, s'allonge comme il peut, la tête posée sur mes jambes repliées. Les jambes agitées par les fourmillements, je ne ferme pas l'œil de la nuit. À 6 heures du matin, un klaxon strident nous réveille et un *yauthea* passe pour annoncer que le train va partir. Nous avons juste le temps de sauter dehors pour faire nos besoins avant que les wagons ne s'ébranlent dans un bruit de ferraille. Réveillés en sursaut, les enfants pleurent et réclament à manger. À chaque repas, nous nous débrouillons pour mettre de côté un fond de riz froid avec quelques grains de sel pour calmer la faim des enfants, Li et moi nous nous en privons. Pendant dix heures nous sommes trimbalés, sans halte. De nouveau, des personnes âgées font leurs besoins sur place. Ma détresse croît au fil des heures passées dans ce wagon surpeuplé et nauséabond. Pour tuer le temps qui me paraît une éternité, je regarde par la lucarne du wagon et, de temps à autre, je parviens à lire le nom des gares que nous traversons. Ils n'ont pas encore eu le temps de les khmériser car ils sont encore écrits en français : Battambang, Svay Chet, Samrong, Mongkolborey. Enfin, vers 16 heures, nous arrivons à notre deuxième étape, Svay Sisophon, une autre ville de province.

Svay Sisophon fourmille de monde, des réfugiés venus d'autres provinces. À la sortie de la gare, les *yautheas* s'organisent : ils réunissent les familles par groupes de dix (*krums*) ; chaque *krum* est sous la surveillance d'un chef. Il faut encore remplir une fiche de renseignements avec nos noms, prénoms et le nombre de personnes de notre famille, et la remettre à notre responsable qui donne ensuite un numéro au *krum*. Ma belle-sœur, ses enfants, les miens et moi-même, sommes enregistrés comme une seule famille alors que nous en formons deux distinctes ; ce rassemblement abusif nous pénalisera constamment à l'avenir dans la distribution des denrées alimentaires. Nous appartenons au *krum* n° 62.

Avec les fiches de renseignements, le responsable du *krum* peut s'approvisionner auprès des *yautheas* en riz, poisson séché et salé. Une fois ces formalités remplies, nous avons ordre d'aller en centre-ville où une baraque en bois est attribuée à chaque famille pour la nuit.

Nous restons vingt-quatre heures à Svay Sisophon, sans rien savoir de la suite des événements. Cette incertitude use notre moral, mais il faut attendre. Nous n'avons aucun passe-temps, pas de musique, pas de livres, c'est le vide total ; nous nous regardons en chiens de faïence, sans même pouvoir rire ou plaisanter avec les enfants, qui n'en ont d'ailleurs aucune envie, ils sont tristes, affamés et sans entrain, subissant sans comprendre leur triste sort depuis près de six mois maintenant. Une grande détresse se lit dans leur regard, mais ils n'osent ou ne veulent pas nous interroger.

Le 22 septembre, dès l'aube, des tracteurs viennent nous chercher pour nous conduire vers une nouvelle destination. Je n'avais jamais autant voyagé et déménagé de ma vie et ça ne faisait que commencer. Chaque tracteur charge deux *krums*, soit vingt familles ; nous ne sommes plus que du bétail trimbalé au gré de la volonté d'Angkar, nous sommes à la merci d'Angkar, nous devenons sa propriété. Angkar dispose de notre vie comme il l'entend. Et bizarrement personne n'a l'idée, l'envie ou la volonté de se révolter par crainte des représailles, par manque de moyens…

Au bout de deux heures, nous atterrissons dans une région montagneuse entourée de trois *phnoms*[1] : Phnom Leap, Phnom Trayon, Phnom Traloch. Les tracteurs déchargent leur cargaison humaine dans la cour de l'hôpital de Phnom Leap où des

1. *Phnom* signifie « colline ». Chaque *phnom* ne dépasse pas 600 mètres d'altitude.

charrettes à bœufs nous attendent ; nos affaires encore une fois jetées pêle-mêle dans les charrettes, nous suivons pieds nus, sous un soleil de plomb – il doit être 11 heures –, jusqu'à une pagode située à environ trois kilomètres. Les enfants assoiffés, affamés et fatigués ferment péniblement le cortège en pleurnichant. Le cœur brisé, nous ne savons que faire pour les consoler ou les soulager. C'est tout de même étonnant que dans un pays foisonnant d'arbres fruitiers, nous n'ayons plus vu depuis des mois la couleur d'une banane, d'une mangue ou d'une orange. Pour leur éviter la fatigue de la marche, je charge Jeannie sur mon dos et Li fait de même avec Ha. Devant la pagode, les chefs de trois villages installés au pied du Phnom Traloch nous attendent : Ta[1] Chen, Ta Svay et Ta Krach. Nous sommes choisis au hasard, avec quatorze autres familles, par Ta Chen, qui dirige le village le plus démuni et où les habitants sont cupides et envieux. À croire que la malchance nous poursuit... Une fois la répartition terminée, nous

1. *Ta* est l'appellation donnée aux hommes. Le terme *Louk* pour dire « monsieur » sous l'ancien régime est banni du vocabulaire.

devons marcher trois kilomètres de plus derrière les charrettes pour arriver à notre nouvelle adresse de séjour forcé, plus terrible que le précédent, moins cependant que le prochain...

Deuxième lieu de « résidence »

Notre village « d'adoption » est également réparti en *krums*. Ils sont au nombre de cinq, avec un chef à la tête de chacun. Avec ma belle-sœur, nous sommes transférées dans le *krum* n° 2, dont le chef s'appelle Pouk[1] Sem.

Les villageois marquent tout de suite leur différence avec les réfugiés, qu'ils appellent les « *neak thmey* » (nouveaux habitants) ; eux étant les « *neak chak* » (anciens habitants). Chaque famille d'anciens doit accueillir deux à trois familles de nouveaux en fonction de la surface de sa paillote.

1. *Pouk* signifie père ou papa. Dans cette région, c'est ainsi qu'il faut appeler les hommes d'un certain âge à qui l'on doit le respect. Le terme de *Mè* (mère) s'adresse aux femmes de *Pouk* ou à toutes les dames plus âgées que nous.

Nous sommes donc parachutées chez une jeune femme, mère de deux enfants, sympathique mais très intéressée. Son mari travaille à Chuop et ne revient voir sa famille que de temps à autre.

Une fois les présentations faites par Pouk Sem, notre « hôtesse » nous montre l'espace qui nous est réservé. Il n'y a pas d'électricité, surtout dans ces coins reculés, mais pas de fleuve non plus, donc pas autant d'eau qu'à Tukveal. À la sortie du village, on trouve des mares d'eau boueuse où hommes et animaux viennent se désaltérer. Pour nos besoins, un espace est réservé derrière la paillote : chaque fois il faut creuser un trou que l'on recouvre après, les feuilles mortes faisant office de papier hygiénique.

Nous nous installons ; Pouk Sem nous distribue du riz et du sel pour le repas du soir et dès le lendemain, nous sommes convoqués à une réunion de lavage de cerveau où nous entendons le discours habituel, les mêmes recommandations, les mêmes interdictions. Nous ne devons parler qu'en khmer ; ne pas parler le soir, car Angkar a des oreilles partout ; ne pas porter de lunettes de vue, marque des intellectuels. À notre arrivée, la veille, un *yauthea* s'est approché d'un homme de notre groupe, myope et lui a demandé brutalement : « Vous avez vraiment besoin de voir de loin ? Non ! » Puis, d'un geste brusque, il lui a arraché ses lunettes, les a jetées par terre et piétinées en lui disant d'un ton méprisant : « À partir de maintenant, vous n'avez plus besoin de cet objet pour voir clair... »

Nous devons travailler pour gagner notre ration de riz quotidienne. Mais nous n'avons droit qu'à deux repas par jour, et ne devons pas manger de riz solide, mais du potage de riz, car la région est très pauvre. On nous distribue également quelques poissons salés séchés ; il n'y a ni fruits ni légumes.

Interdiction absolue aussi de corriger nos enfants, qui sont désormais « les enfants d'Angkar ». Peu de temps après notre arrivée dans le village, j'ai été rappelée à l'ordre sur cette question. Un soir, en effet, fatiguée et usée par les privations, je n'ai plus supporté les pleurs incessants de ma pauvre Jeannie, tenaillée par la faim : j'ai perdu patience et l'ai giflée, ce qui, au lieu de la calmer, l'a fait crier de plus belle. Un *schlop* a aperçu la scène et, devant ma fille en larmes, m'a rappelé sévèrement que je n'avais plus le droit de lever la main sur elle.

Voilà donc pour la distribution d'ordres et d'interdits. Si paradoxal que cela puisse paraître, Angkar continue parallèlement à nous promettre une vie meilleure. Dans peu de temps, nous verrons, nous serons récompensés. Et tous, follement, nous espérons...

Après notre première réunion de conditionnement, Pouk Sem passe dans chaque famille pour nous faire rédiger une sorte de curriculum vitae où nous devons dire la vérité, toute la vérité. Le tri continue... Suivant scrupuleusement les conseils de sincérité de mon mari absent (à cet instant précis, Seng est toujours vivant pour moi), je déclare qu'avant le 17 avril 1975 j'étais secrétaire à l'ambassade de France... ce qui provoque aussitôt le mépris du petit chef qui me réplique d'un ton sarcastique : « Sachez que désormais Angkar n'a pas besoin de bureaucrates mais de *kamakors* et de *kaksekors*. »

Puis, dès que les formalités administratives sont remplies, à notre douloureuse stupeur et immense désarroi, Pouk Sem ordonne aux trois filles de Li, Leng, Hoa et

Phan, ainsi qu'à mon fils Jean-Jacques de prendre leurs affaires personnelles car il doit les emmener travailler loin du village. Angkar a un besoin urgent de main-d'œuvre pour la construction de digues *(tonoups)* à Chuop, Svay Sisophon, Taphon. Les jeunes étant considérés comme la première force de travail, les premiers mobilisés sont les garçons et les filles dès l'âge de dix ans... Pouk Sem nous assure que nos enfants seront bien nourris et bien traités. Mais les pauvres petits auront droit à la même pitance que nous et seront forcés de travailler quinze heures par jour.

Prises au dépourvu et désespérées, Li et moi commençons à pleurer. Pouk Sem nous rappelle brutalement à l'ordre : les larmes sont interdites, quelles que soient les circonstances, et il s'agit ici ni plus ni moins d'une décision d'Angkar, et toute décision venant d'Angkar Leu (d'En Haut) est irrévocable. La mort dans l'âme, nous regardons partir nos enfants en nous demandant ce qui les attend.

Toutefois, nous n'avons pas le loisir de nous apitoyer sur leur sort, il nous faut nous occuper des deux petits, Ha et Jeannie, et de nous-mêmes, dans la lutte quotidienne contre la fatigue, la faim qui nous tenaille jour et nuit, ainsi que les maladies qui commencent à pointer le bout de leur nez…

Au village, mille tâches nous attendent tous les jours : désherbage des champs de patates, de manioc, de maïs, confection de plaques en feuilles de palmiers à sucre pour les toitures des paillotes, défrichage des forêts… Nous partons au travail dès le chant du coq, avec un bol d'eau et un grain de sel dans le ventre. Le sel donne juste une sensation de satiété, il ne nourrit pas. On nous distribue ce gros sel en grains, brut, noir ; mais il faut le cacher pour qu'il ne disparaisse pas. Lorsque la faim me réveille au milieu de la nuit, je suce un grain de sel en pensant que c'est un bonbon, et je bois un grand bol d'eau. Cela me donne l'illusion d'avoir fait un repas léger. À midi et le soir, nous avalons un bol de soupe de riz. Les jours fastes, on peut voir flotter un ou deux morceaux de manioc par louche de soupe, mais la plupart du temps, c'est un liquide insipide dans lequel on peut à peine repêcher une cuillère de riz.

Nous souffrons physiquement et moralement, et les enfants dépérissent à vue d'œil sous nos yeux impuissants.

Délibérément, Angkar n'a pris aucune disposition pour ravitailler ces camps éloignés, la pénurie se fait cruellement ressentir de jour en jour. Nous sommes tous voués à une mort certaine. Nous complétons nos repas avec les produits locaux récoltés : feuilles des lianes de patates douces et de manioc, pousses de bambou, épinards sauvages pleins d'épines, pousses de kapok[1]. À notre arrivée, les crapauds pullulent dans le village. Quand j'en attrape un dans la journée, je le mets dans ma poche que j'attache bien pour l'empêcher de s'enfuir. Je sens la pauvre bestiole enfermée dans le noir gonfler et faire pipi... Le soir, je le sors de sa prison, et clac ! d'un coup sec, je lui tranche la tête. Bientôt, je n'entends plus le moindre batracien coasser dans le village, nous les avons tous mangés avant qu'ils n'aient eu le temps de se reproduire.

La nourriture qui nous est allouée est en principe partagée entre tous, mais la ration est fixée par famille. Comme au moment de l'enregistrement, Pouk Sem nous a réunies, Li et moi, en une seule famille, nous sommes toujours perdantes sur les distributions des denrées faites par famille, comme, par

1. Le kapok est une sorte de coton dont le fruit, avant éclosion, est comestible.

exemple, celles de poissons séchés, de manioc ou de patates douces : nous n'avons qu'une part au lieu de deux. Quant à la ration de riz, elle est comptée par personne et par jour ; mais là non plus le partage n'est pas équitable : les anciens reçoivent des rations deux fois plus importantes que les nouveaux, et les semaines de disette, comme par miracle, ces mêmes anciens ont toujours du stock et viennent nous dire que nous ne savons pas faire d'économies.

Et ce sera toujours ainsi : lorsque nous mangeons un bol de riz solide, les anciens en mangent deux fois plus, quand nous sommes au régime potage de riz salé, les villageois et les *yautheas* se nourrissent de riz bien solide, de soupes de poissons, patates douces, bananes, sucre de palme…

Si nous voulons être nourris davantage, nous devons troquer les quelques objets précieux encore en notre possession. Heureusement que nous sommes partis de Phnom Penh chargés comme des mules ! À chaque étape, les Khmers rouges nous délestent un peu plus ; au bout de quelques mois, il ne nous restera plus rien, excepté une couverture, une moustiquaire (très précieuse), et le strict minimum en vêtements et vaisselle… mais plus un bijou à échanger, alors que les épreuves qui nous attendent seront de plus en plus rudes et douloureuses.

En novembre commencent les premières récoltes de riz planté avant notre arrivée dans le village. Toutes les femmes sont réquisitionnées. L'apprentissage est très pénible. À Koh Tukveal, j'ai travaillé dans les champs de maïs, manioc, patates douces, au séchage des feuilles de tabac, mais pas encore dans les rizières. Je n'ai jamais tenu une faucille de ma vie, et durant la première semaine, je me coupe régulièrement un doigt de la main gauche. Quand les cinq doigts sont pleins de coupures, c'est que le métier commence à rentrer.

Mais l'épreuve la plus répugnante, ce sont les sangsues : dans toutes les rizières cambodgiennes, on trouve des petits poissons, des crabes, des escargots mais aussi des sangsues. Ces horribles bestioles, très rapides, s'accrochent à vos pieds, vos jambes, pénètrent même dans le sexe à votre insu. Elles ne ressortent ou ne retombent qu'une fois gorgées de sang, c'est effroyable !

La première fois où il me faut récolter dans une rizière inondée, je n'ose pas entrer dans l'eau. Aussitôt rappliquent ces morpions de *schlops* qui m'ordonnent méchamment d'obéir : « Toi, la vieille française, si tu n'y vas pas, tu n'auras pas ta ration ce soir. Et ce sera ainsi pour tous ceux qui refusent de descendre dans les rizières infestées de sangsues ! »

Voyant ma détresse, une ancienne me donne alors quelques conseils pour empêcher les sangsues de pénétrer dans le corps : « Tu retrousses les jambes de ton pantalon jusqu'aux genoux, puis tu les attaches avec des ficelles en jonc ; comme ça les bestioles s'accrochent à tes poignets ou à tes mollets, mais elles ne remontent pas plus haut. » Je suis ses conseils et descends dans la rizière les yeux fermés, l'appel de l'estomac est plus fort que tout, je pense à la ration de riz, tellement précieuse pour ma fille et moi-même… Malgré tout, c'est répugnant d'en ressortir avec ces espèces de ventouses vert noirâtre collées aux poignets ou aux jambes. Elles ne tombent qu'au contact de la chaleur, celle de bouts de cigarettes par exemple ; or, comme la cigarette est devenue une denrée presque introuvable, je me contente de les décrocher à l'aide de la faucille.

Pendant la moisson, de novembre 1975 à janvier 1976, la vie nous semble un peu plus douce : Pouk Sem nous distribue une ou deux fois par mois des petits morceaux de sucre de palme que je conserve précieusement pour Jeannie qui commence à s'anémier sérieusement et dont je constate tous les jours, impuissante et malheureuse, l'amaigrissement. Elle ne travaille pas, et n'a toujours droit qu'à une moitié de ration ; alors je continue à me priver pour lui en donner davantage. Par chance, durant les trois mois de la moisson, notre part est doublée, deux mesures de riz par personne et par jour pour les nouveaux, et quatre pour les anciens, suivant le fameux principe d'égalité du régime communiste !

Tandis que je suis affectée à la moisson, Li demande à faire le travail de décorticage du paddy[1] ; c'est un boulot très pénible mais, à la fin de la journée, elle reçoit du son de riz que les Khmers rouges gardent pour nourrir les cochons, et que nous acceptons comme un supplément royal, car il garantit un peu plus de consistance à nos repas. De plus, le son de riz est plein de vitamines, et c'est sûrement grâce à cet ersatz que j'ai survécu au régime de Pol Pot sans perdre

1. Riz non décortiqué.

mes dents ni mes cheveux. Hélas, à chaque « plaisir » sa peine, nos intestins finissent par se détraquer, et nous souffrons sans cesse de diarrhée.

Lorsque j'étais une « intellectuelle », je ne savais pas qu'il fallait décortiquer le paddy pour obtenir le grain de riz. Aussi, le premier jour où le riz vient à manquer au village et qu'on nous distribue du paddy, je me contente de le mettre tel quel dans une casserole avec de l'eau pour le cuire. Deux heures, et tout un fagot de bois plus tard, le paddy est toujours intact. Ne comprenant pas ce qui se passe, je pose la question à notre hôtesse qui se moque méchamment de moi : « Voilà bien les citadins ; jusqu'à aujourd'hui ils ont mangé du riz, beaucoup de riz, sans jamais se demander comment il arrivait dans leur assiette. » Elle accepte tout de même de m'expliquer la manière de piler le paddy de façon à en extraire la graine sans trop l'abîmer, puis de passer le tout dans une sorte de corbeille en osier faisant office de tamis pour enlever l'écorce de paddy d'un côté, le son et les grains tout propres de l'autre. C'est une chance que je m'initie avec elle à cette technique, car là où nous serons assignés ensuite, on ne nous distribuera plus jamais de riz, et lorsque nous réussirons à subtiliser un peu de paddy dans les champs, il nous faudra nous débrouiller pour le décortiquer.

Arrachés brutalement à notre confort quotidien et transférés du jour au lendemain à la vie de la campagne, il nous faudra apprendre mille choses, comme par exemple que les crabes mangent les petits poissons si on les met ensemble. C'est ainsi qu'un jour j'ai failli crier au voleur en ne retrouvant plus que les crabes dans la gamelle où je les avais mis avec des alevins ramassés le matin dans les rizières pendant le repiquage...

Le travail de décorticage commence à 5 heures du matin. Chaque *krum* a à sa disposition trois têtes de pilon. Vers 11 heures, tout est achevé : on ne décortique que vingt sacs de paddy par jour pour cinq *krums* (cinquante familles).

En dehors des heures de travail, moisson ou décorticage, nous pouvons aller pêcher – pêcher est un grand mot, je dirais plutôt chercher du menu fretin dans les rizières à l'aide d'une corbeille en osier à deux anses. Nous raclons le fond des champs inondés sur quarante à cinquante centimètres, soulevons le panier qui se vide par les trous et n'avons plus qu'à trier ce qui reste au fond : têtards, petits crabes d'eau douce, petits poissons, escargots, parfois des petits serpents d'eau, et encore et toujours des sangsues. Tout le reste est comestible : la moindre petite crevette est source de protéines. Rab de sucre ou pas, ce n'est pas le moment de faire la fine bouche. Tenaillés par la faim, nous mangeons n'importe quoi. La viande de bœuf ou de porc se fait très rare ; nous n'en aurons plus qu'à de grandes occasions, comme pour la fête de la victoire des Khmers rouges, au mois d'avril. Nous finirons même par manger de la viande pourrie et couverte d'asticots : un jour, ils ont tué deux bœufs malades, dont ils ont enterré les cadavres. Quelques jours plus tard, avec deux autres femmes, nous sommes allés les déterrer. Ils étaient déjà dans un état de décomposition avancée, la viande était verte, amère et recouverte d'asticots, mais il fallait calmer les affres de la faim. Lorsqu'il n'y a plus de poissons ou de liseron d'eau, ce sont les cafards qui y passent. Ils pullulent dans nos paillotes, et le soir, après le travail, on les chasse dans les fentes du mur. Mais à force, l'espèce est en voie de disparition...

C'est ainsi qu'Angkar veut nous voir tous mourir les uns après les autres : d'épuisement, de faim, et aussi de maladie (il n'y a déjà presque plus un comprimé d'aspirine ou de quinine). C'est une mise à mort douce qui ne coûte rien. Nous avions d'ailleurs été prévenus dès les premiers jours de notre captivité : « Vous êtes des prisonniers de guerre, et Angkar n'a pas les moyens de vous loger une balle dans la tête, Angkar va vous laisser mourir à petit feu, de façon naturelle... »

Une fois la moisson terminée, en janvier, les *yautheas* viennent faire la répartition du paddy ; ils ne laissent aux habitants du village que le strict minimum jusqu'à la prochaine récolte ; le reste du stock part avec eux.

Nous ne chômons pas. Au mois de février, il nous faut creuser des bassins pour recueillir l'eau de pluie, denrée rare et précieuse dans la région. Nous apprendrons plus tard que ces prétendus réservoirs d'eau n'étaient rien d'autre que notre future tombe. Il n'y a aucune machine pour nous aider, nous creusons et piochons dans une terre durcie par la sécheresse.

En mars 1976, des rumeurs courent à nouveau : Angkar prendrait des mesures pour rapatrier tout le monde à Phnom Penh. Encore ! Je n'y crois plus, car au cours des « réunions de réarmement moral ou d'éducation » qui ont lieu tous les soirs, les *yautheas* nous demandent de ne plus être obsédés par l'envie de retourner dans notre ville. Il n'y aura pas de retour possible, nous disent-ils, mais pourquoi cela nous attristerait-il puisque, de toute façon, Angkar nous promet une vie meilleure que celle que nous subissons – pardon, que nous vivons actuellement... Nous allons bientôt nous déplacer à nouveau, mais pas vers la capitale. Nous n'aurons qu'à emporter une assiette ou une gamelle avec une cuillère (là où nous irons, il n'y aura plus de cuisine à faire), deux sarongs[1] et deux chemises de rechange, noires bien entendu, une natte et une moustiquaire, à toujours avoir sous la main pour se protéger des moustiques porteurs de paludisme. Programme cauchemardesque en perspective !

Vers la mi-mars, nous apprenons effectivement qu'Angkar demande à toute la population (anciens et nouveaux) d'éva-

1. Jupes longues.

cuer les villages situés au pied du Phnom Traloch. Première raison invoquée : la prochaine pénurie d'eau. Seconde raison : la très mauvaise et inquiétante situation militaire.

En ce qui concerne l'eau, leurs prévisions s'avèrent : il fait déjà chaud et sec, et les premières pluies n'arrivent que vers juin-juillet. Quelles difficultés, déjà, pour obtenir un seau d'eau de couleur café au lait douteuse ! Tous les jours, après le travail, je suis contrainte de marcher, avec ma pauvre petite fille chétive, jusqu'à une sorte de mare située à trois kilomètres du village. Les bœufs et les buffles viennent y patauger, les hommes et les femmes s'y laver, tout habillés sous un soleil de plomb ; les vêtements à peine sèches sont aussitôt recouverts de la poussière contenue dans l'eau.

Après une toilette sommaire, Jeannie et moi rapportons péniblement au village deux seaux d'eau. Je porte un seau de la main droite, et de la main gauche j'aide Jeannie à porter le deuxième. Nous y mettons ensuite quelques grains de gros sel, le laissons décanter puis nous recueillons le liquide à peu près clair et le faisons bouillir. Après tous ces traitements, nous obtenons une eau à peu près potable... mais salée ! C'est cela ou mourir de soif. Ces souffrances physiques et morales resteront à jamais gravées en nous. Qui en réchappera ? Ceux qui n'ont pas encore été exécutés semblent condamnés à une mort lente et non violente, mais certaine, et qui ne coûtera rien à Angkar...

Avec l'annonce de la nouvelle évacuation, l'espoir que nourrissaient les réfugiés de Phnom Penh de retrouver leur ville s'éteint aussi vite qu'il était né : Pouk Sem nous apprend que nous irons nous établir à Loti-Batran, sur le fleuve appelé Loti.

Loti-Batran

Loti-Batran est situé à quelques kilomètres de Traloch, sur une île, au beau milieu du fleuve Loti. Pour s'y rendre il faut traverser un pont de trente centimètres de large, que tout le monde ne peut franchir en même temps ni le même jour. En attendant notre tour, nous campons donc dans une pagode à proximité, vidée de ses bonzes.

Des pagodes, au Cambodge, il y en a dans presque chaque village ; le pays est en majorité bouddhiste. Mais sous le régime Khmer rouge, elles sont, avec les églises et les écoles, autant de symboles de l'impérialisme et de la corruption. Beaucoup de bonzes ont été massacrés, ou obligés de se marier et d'aller travailler dans les rizières comme tout le monde. La minorité de musulmans, les Chams, n'est pas mieux respectée. Si les Khmers rouges apprennent qu'une personne est de confession musulmane, ils font exprès de lui distribuer de la viande de porc, alors que les autres réfugiés crèvent de faim et en meurent littéralement d'envie. Ces tyrans n'ont aucun respect de la religion, ni même de la simple condition humaine.

Après avoir passé une nuit dans la pagode, nous traversons le pont qui enjambe le fleuve Loti pour nous installer dans notre nouveau village. Un village ?... Amère déception, Loti-Batran n'existe que de nom. En réalité il n'y a rien, pas même une paillote. Loti-Batran n'est qu'une forêt de bambous et d'arbres de toutes espèces. « Ne vous inquiétez pas, Angkar prend soin de vous, il va vous offrir une vie meilleure ; travaillez seulement, Angkar s'occupera du reste, etc. » Ah ! il est beau, le paradis promis !

En fin de matinée, les *yautheas* nous rejoignent au fond de notre jungle pour nous distribuer des coupe-coupe, des pioches. Nous sommes une trentaine de familles, composées en majorité de femmes, de personnes âgées ou malades, d'enfants affaiblis dans l'incapacité de travailler. Les seuls hommes sont quelques anciens qui dirigent les travaux, et les soldats qui nous surveillent. Nous devons faire vite pour défricher un bout de terrain qui nous servira de campement le soir même.

À l'heure du dîner, des *neary* apportent des corbeilles de riz mélangé à du maïs cuit. Une fois la louche de riz avalée, Li et moi n'avons qu'une hâte, c'est d'aller nous coucher. Ma fille et son petit cousin pleurent de nouveau car ils n'ont pas assez mangé et notre vie de nomades commence à les perturber sérieusement ; nous essayons donc tant bien que mal de les endormir, « qui dort dîne », comme on dit. Nous accrochons une moustiquaire à quatre pieux avant de passer notre première nuit dans ce lieu encore plus inhospitalier, plus effroyable, que tout ce que nous avons connu à ce jour !

Au moment de m'endormir, j'ai une pensée pour mon fils et ses cousines. Où peuvent-ils être ? Que font-ils ? Comment vivent-ils ? Comment sont-ils traités et soignés en cas de maladie ? Comment résistent-ils à toutes ces épreuves ? Et Seng ? Comment va-t-il nous retrouver ici, au fin fond de cette cambrousse ? Les responsables du village de Ta Chen m'affirment que nos enfants sont bien soignés, et que le moment venu, ils nous rendront visite… Mais je ne peux plus croire ces sales menteurs !

Au bout de quelques jours de défrichage acharné, nous avons réussi à dégager une centaine de mètres carrés pour installer les premières paillotes. Pendant que les hommes coupent les tiges de bambou, futurs pilotis, les femmes et les enfants pouvant tenir une pioche creusent des trous d'environ cinquante centimètres de profondeur. Nous travaillons d'arrache-pied de 6 heures du matin à 6 heures du soir, avec juste une pause déjeuner. Quant au petit déjeuner, depuis longtemps nous ne savons plus ce que c'est. Pendant la moisson, notre repas de midi se compose d'un bol de riz. Les jours fastes, nous avons droit, en plus, à une soupe à base de manioc avec un carré de porc gros comme le pouce flottant au milieu. Pour apaiser notre estomac qui crie famine, nous grignotons les quelques petits poissons ou têtards que nous ramassons dans l'eau croupie des rizières, avec un grain de sel. Avoir faim en permanence et voir mourir sa fillette de huit ans à petit feu, sans pouvoir lui donner quoi que ce soit, est un supplice intolérable. Je me demande ce que j'ai fait au Bon Dieu pour mériter une telle punition, et aussi tous les autres, car je ne suis pas seule dans cette galère.

La construction des paillotes dure plusieurs semaines, pendant lesquelles nous campons en pleine nature. Nous aidons à la confection des planchers avec des lattes de bambou attachées entre elles par des lianes ; pour couvrir la toiture et les murs, tout le monde (y compris les enfants) participe à la fabrication de plaques en feuilles de palmier séchées posées sur des lattes de bambou également reliées par des lianes. Nous n'avons jamais vu, ni jamais fait tous ces travaux auparavant. L'apprentissage est laborieux… mais instructif. Seul lot de consolation, ce régime de bagnard m'a beaucoup appris : à construire sa maison, décortiquer le paddy pour obtenir du riz blanc, planter la patate douce en enterrant des portions de la plante, déloger des abeilles de leur ruche pour prendre le trésor qui s'y trouve, tout un tas de choses concrètes, vitales, qu'une citadine ignore complètement… Oui, j'ai appris tout ça, mais à quel prix ?

Notre labeur donne bientôt ses fruits : chaque famille finit par avoir sa « petite villa », construite sur des pilotis d'environ cinquante centimètres de haut. Li, ma belle-sœur, Ha, Jeannie et moi-même continuons à être logés à la même enseigne, dans la même paillote, puisque nous sommes toujours enregistrés comme une seule famille. Ici nous avons l'eau à proximité, c'est un luxe comparé au village précédent. Mais elle n'est pas plus potable sans être bouillie, car le cours d'eau forme une boucle fermée et on s'en sert pour tout : on y lave le linge souillé, on s'y baigne. De plus, pendant la saison des pluies, tout est drainé dans le fleuve, y compris les évacuations des latrines non couvertes et inondées. Aussi, pour se protéger des maladies, je fais toujours bouillir l'eau du fleuve avant de la boire, en y mélangeant des feuilles de manguier, de jaquier ou de citronnelle (lorsqu'on en trouve, car même les feuilles de citronnelle deviennent une denrée rare). Mais en dépit de ces précautions, dès les premières pluies, les réfugiés déjà affaiblis par les privations seront décimés comme des mouches par les maladies, deuxième fléau, dans cette géhenne, après la famine.

Petit à petit tout le village de Ta Chen est donc réinstallé à Loti, et la vie continue son triste cours. Les *yautheas* reviennent en bandes, débarquent à l'improviste, vident les sacs qui nous restent, piquent ce qu'ils peuvent encore piquer, bijoux – Li et moi n'avons plus aucun bijou ni objet de valeur – ou produits de première utilité, savon, dentifrice et médicaments. Tout cela au nom d'Angkar Leu.

Une fois leur honteuse besogne achevée, ils enfourchent leur vélo et nous ordonnent, *via* Ta Chen, de continuer à défricher la forêt pour planter des légumes si l'on veut manger : il faut commencer les plantations avant la pleine saison des pluies et les inondations. Selon la période, nous cultiverons donc maïs, patates douces ou manioc, tabac ou courgettes, aubergines, tout ce qui est censé composer notre futur ravitaillement, et pourtant... nous ne goûterons plus jamais une cuillère de sucre de palme, dans un pays foisonnant de palmiers à sucre, et le bol de riz bien solide sera vite remplacé par un bol de potage de riz, midi et soir, dans un pays jadis exportateur de riz par milliers de tonnes ! Quel paradoxe tragique ! Les vivres s'amenuisent de jour en jour, nous ne voyons plus la couleur des mangues, bananes, oranges, sapotilles, papayes, etc. Où sont donc passées toutes ces bonnes choses ?

Je m'affaiblis de jour en jour, mais j'essaie de ne pas me laisser abattre et participe comme il se doit au défrichage : le bois est récupéré pour la cuisine collective, tandis que les feuillages brûlés servent d'engrais. Ces travaux sont très pénibles, surtout quand notre organisme est complètement épuisé. J'attrape toutes les sauterelles grises que je trouve sur mon passage ; légèrement grillés, ces insectes constituent mon petit déjeuner et me permettent de commencer la journée sans l'impression d'être à jeun. Un matin, je suis en train de faire cuire mes sauterelles dans la braise sous le regard intrigué et attentif du fils de Ta Chen, un gamin de huit ans, plutôt grassouillet – du moins comparé à nos pauvres enfants. Tout en m'observant, celui-ci grignote nonchalamment et sans appétit un gros morceau de manioc bien grillé, dont la seule vue me fait saliver. L'estomac vide, je commence à manger mes insectes, lorsque le gamin me demande : « C'est bon ce que tu manges ? — Délicieux », lui réponds-je du tac au tac. Il me propose alors de troquer son morceau de manioc contre mes trois pauvres sauterelles... L'échange est avantageux ! Marché conclu, je fais disparaître le précieux morceau de manioc dans ma poche, tout heureuse à l'idée que Jeannie et Ha aient un tout petit complément à la louche de soupe du soir.

Le 15 avril, c'est le premier anniversaire de notre exode : il y a un an déjà, un an seulement que nous avons quitté Phnom Penh, un an qui me paraît un siècle, de cauchemars. Les dates du nouvel an khmer (13, 14 et 15 avril) sont reportées aux 15, 16 et 17 avril, qui commémorent la fameuse « libération du Kampuchéa ». À cette occasion, le chef du village ordonne qu'on tue un cochon qui sera distribué à tout le monde : deux cents grammes par personne, en principe, mais les anciens recevront double ration, il va sans dire.

N'empêche, ce seront trois jours de fête pour nous aussi : pour la première fois depuis un an, ma fille peut manger à peu près à sa faim !

Et puis, heureuse surprise, les Khmers rouges accordent un droit de visite à nos enfants, dont nous sommes séparés depuis si longtemps. Quel affreux choc ! Jean-Jacques, Leng, Hoa et Phan sont tous les quatre devenus squelettiques, et burinés par le soleil. Mais, aucune plainte, ils ne disent pas ce qu'ils endurent. Jean-Jacques, ce petit bonhomme de onze ans, m'explique seulement qu'il fait des travaux d'homme : il laboure, sème, repique, moissonne, creuse des canaux, construit des digues...

Comme tous les enfants, les nôtres sont endoctrinés et ne parlent plus qu'au nom d'Angkar Pakdewat. Toute l'éducation que nous leur avons inculquée est anéantie : aucune politesse, aucun respect, plus de « bonjour, monsieur » ou « bonjour, madame », pas de « merci »[1]. Ils ne doivent plus obéir à leurs parents, mais seulement à Angkar, nos enfants ne sont plus les nôtres, mais les siens.

De fait je n'ai plus aucune autorité sur mon fils, qui me fait clairement comprendre qu'il n'a pas besoin de moi et que je n'ai pas besoin de lui. Ce n'est pas moi qui lui donne à manger, c'est Angkar, et ce n'est pas lui qui me nourrit, c'est Angkar. Quelquefois, pourtant, Jean-Jacques

1. Quant aux enfants des Khmers rouges, très jeunes, entre sept et dix ans, ils traitent les adultes avec insolence et mépris. Leur regard est souvent chargé de haine, injecté de sang... ils nous font peur.

dérogera à cette règle en s'échappant de son camp pour m'apporter un peu de riz ou de paddy. Mais ce n'est pas sa conduite habituelle. Nos grands enfants, je m'en rends compte à cette première occasion de les revoir, vivent dans un autre monde. Tous les liens, matériels et affectifs, qui les relient à nous ont été coupés, détruits. L'amour, l'affection sont des sentiments qui n'existent plus dans les camps, même de la part de ma fille restée avec moi. Fils, fille, papa, maman, ces termes n'ont plus aucun sens. Toutes les valeurs sont réduites à néant.

Pendant les trois jours de festivité, nous avons droit à deux réunions quotidiennes, une le matin à 6 heures et une autre le soir à 18 heures. Le matin, nous saluons le drapeau du Kampuchéa libéré en chantant l'hymne national Khmer rouge, que j'ai réussi à apprendre en transcrivant phonétiquement le refrain :

« *Cheam krahom chea*
Sroy srop tuk veal Kampuchea meatophum
Cheam Kamakors, Kaksekors dor oudom
Cheam Yutechun Yutneary Pakdewat… »

« Le sang rouge écarlate
Inonde le sol de la mère patrie Kampuchéa
Sang précieux des ouvriers, des paysans
Sang des combattants et combattantes de la révolution… »

Le soir, après le dîner, des discours redondants nous rappellent – au cas où nous l'aurions oublié – que c'est grâce à Angkar que nous sommes aujourd'hui libérés du joug de Lon Nol et des impérialistes, grâce à Angkar que nous sommes là pour apprendre ce que personne ne nous aurait jamais appris. En contrepartie il nous faut obéir aux commandements d'Angkar, suivre ses règles de conduite, faute de quoi nous serons punis en conséquence…

Peu importent les bla-bla. Ce qui compte pour nous dans cette brève période, c'est la ration de riz normale, la viande de porc, véritable don du ciel, même si elle nous est distribuée avec parcimonie, la cuillère à soupe de sucre de palme liquide par personne, et la cuillère de *prahok* – ce poisson pourri macéré dans du sel empeste, mais une fois cuit avec un brin de citronnelle haché, et mélangé au riz, ce plat du pauvre devient un délice incommensurable, un véritable trésor dans notre situation. Au bout des trois jours de fête, nous reprenons quelques forces, et même un brin d'optimisme.

Malheureusement, notre joie est éphémère. Une fois la fête terminée, les enfants repartent pour leur bagne et on nous serre de nouveau la ceinture. Dès la fin du mois d'avril 1976, le bol de riz solide redevient la louche de potage de riz. Quant à la petite réserve de viande de porc que nous avons sagement économisée, elle est épuisée en quelques jours.

À partir de cette date, paradoxalement, et en même temps fait bien compréhensible, les membres d'une même famille commencent à se disputer pour leur maigre pitance. Si l'on donne un peu plus à manger à l'un ou à l'autre, cela vire tout de suite au drame. Même avec ma belle-sœur, qui est pourtant d'un caractère facile, nous nous disputons tous les jours à propos de la nourriture. Nous sommes tellement préoccupées par notre propre condition que ni elle ni moi ne pensons à l'autre, ni même à nos enfants dont nous sommes séparées. Nous ne pensons plus qu'à nous-mêmes, à Jeannie et Ha. L'amitié et la solidarité n'existent plus entre proches quand le ventre crie famine.

Je me rends bien compte, en écrivant ces lignes, que mon récit ne cesse de parler de notre régime alimentaire : riz, absence de riz, maïs, manioc, poissons, sel, sauterelles, cafards, scorpions, soupe, *prahok*, sucre de palme… L'explication est simple. La nourriture, ou le fantasme de nourriture, est le principal objet de la pensée des réfugiés, leur préoccupation existentielle de tous les instants, pendant quatre ans : est-ce qu'on va manger aujourd'hui ? qu'est-ce qu'on va manger aujourd'hui ?… Il n'y a pas d'autre occupation que le travail (auquel nous sommes contraints) et la nourriture (qui manque). Rien d'autre. Les loisirs ? Ce sont les réunions d'endoctrinement…

Cette obsession nous mine, et il arrive que notre esprit s'égare dans le passé… Un jour, au cours d'un travail de désherbage dans un champ de manioc, je chuchote à une compagne de galère qui comprend le français des noms de plats et de boissons dont je rêve. Nous sommes en train d'évoquer le fameux apéritif Dubonnet quand un *yauthea* passe à notre hauteur. Comprenant le sens de notre conversation, il nous prévient sur un ton menaçant que, si jamais cet « égarement de l'esprit » venait à se manifester à nouveau, nous serions bonnes pour les camps de rééducation. Ouf ! nous l'avons échappé belle : l'ami commissaire de mon mari n'a-t-il pas été emmené pour la simple raison qu'il s'obstinait à parler français ?

À la misère et à la faim s'ajoutent d'autres problèmes, dont celui de l'hygiène. Un an après notre exode, nous n'avons plus aucun produit de soins de base, ni savon, ni shampooing, ni brosse à dents, ni dentifrice. En guise de douche, le soir, en revenant des rizières, nous nous trempons tout habillées dans l'eau du fleuve, et rinçons en même temps nos vêtements salis de boue. Pour toute garde-robe, nous n'avons plus que deux sampots[1] et deux chemisiers teints en noir, pas même de culotte. Nous nous lavons les dents en les frottant avec un peu de sel quand il y en a, ou avec du sable…

C'est ainsi qu'il nous faudra continuer à vivre… à survivre… durant encore trois longues années. Et cela sans avoir le droit de nous apitoyer sur notre sort, d'avoir la nostalgie du passé, de rire, ou de pleurer nos morts. Tous nos sentiments doivent être enfouis au fond de nous-mêmes.

1. La jupe que portent quotidiennement les Cambodgiennes.

Nous sommes devenus des robots, des morts-vivants.

La fête est déjà loin. Nous reprenons le pénible travail de défrichage. Je ne suis plus que l'ombre de moi-même ; j'ai tellement maigri que lorsque je me couche le soir à même le plancher de la paillote, j'ai mal partout, mes os me rentrent dans la peau.

Mais chaque jour je trime dur pour ne pas voir sauter la ration que je partage avec ma fille, aussi squelettique que moi. Et puis je continue ma chasse aux insectes, aux sauterelles et autres scorpions que je rapporte précieusement pour compléter notre dîner. Un jour, je trouve même un poussin ! La femme du chef du village a laissé sortir sa poule avec ses petits qui se sont égarés près du lieu où nous travaillons. Je réussis donc à attraper une bestiole, je l'étrangle et la fais subrepticement disparaître dans ma poche ; seulement la pauvre poule a vu la scène… elle se rue sur moi en caquetant de toutes ses forces, et je dois m'éloigner en vitesse de la basse-cour pour ne pas attirer l'attention des *schlops*. Le soir, en rentrant, je réchauffe la gamelle de soupe qu'on nous a distribuée, j'y ajoute le poussin ainsi que quelques feuilles d'épinards sauvages ramassées à la hâte sur le chemin du retour. Un véritable festin !

Depuis que j'habite en France, je songe souvent qu'il est vraiment dommage que les pigeons parisiens n'aient pas migré au Cambodge entre 1975 et 1979, ils auraient pu nous servir de plat de résistance…

Comme « légumes », nous ne mangeons que des épinards sauvages, des liserons d'eau ramassés dans la nature. Lorsque nous n'en trouvons plus, nous nous rabattons sur les plantes aquatiques qui poussent dans les mares et que les Cambodgiens donnent au bétail, ou sur les racines de bananiers[1] abattus par les anciens pour nourrir leurs cochons.

Deux voisines avec qui je travaille découvrent un jour un filon de liserons d'eau, mais elles refusent de me révéler où se trouve ce coin merveilleux : « Ah non, sûrement pas, on ne te le dira pas, car tu vas refiler le tuyau à tout le monde et dans peu de temps il n'y en aura plus… » C'est hélas mon gros défaut : lorsque je trouve un coin à poisson, à grenouilles, ou à liserons d'eau, bref, une possibilité de se nourrir, je ne peux garder le secret : autant que tout le

1. Un morceau de racine de bananier est un produit de luxe que tout le monde se dispute.

monde en profite ! Mais la faim pousse les humains à l'égoïsme, à la mesquinerie, à la jalousie, aux disputes, et non au partage... Difficile dans ces conditions de se faire de vrais amis. Les réfugiés ne lient pas connaissance et beaucoup d'entre eux, plus intelligents que nous, cachent leur véritable identité et leur profession, par crainte d'être éliminés. Dans les camps, les relations amicales n'existent pas plus que les relations familiales.

Bien entendu, le régime liserons et compagnie détraque complètement les intestins, provoquant des diarrhées sans fin. Après les fêtes, je tombe malade la première, infectée par une forme de dysenterie aiguë (selles avec glaires sanguinolentes, coliques, forte fièvre), et je n'ai aucun médicament pour me soigner. De vieilles dames me conseillent de boire des décoctions d'écorces de goyavier et de tamarinier, mais le premier jour de la crise, je suis tellement fiévreuse que je n'arrive pas à me lever pour aller au travail. Je somnole donc en grelottant sous ma couverture. Le fils du vieux Ta Chen, devenu *yauthea* depuis peu, fait sa ronde et me voit ; il monte dans la paillote, sans enlever ses sandales, et me crie dessus : « Toi ! *Yé' barang,* ne fais pas semblant d'être malade, sors travailler sinon tu n'auras pas à manger aujourd'hui ! » Épuisée par ma fièvre, je mets un certain temps à me relever, le *yauthea* me tire alors par le col de la chemise, et me fait dresser sur mes jambes à force de coups de pied dans les fesses ; tant bien que mal, j'arrive à me traîner jusqu'au champ de maïs où j'accomplis la corvée (ce jour-là, il faut enlever les mauvaises herbes entre les plants de maïs) en me déplaçant sur mon arrière-train, car je ne tiens pas debout. Tout le monde voit bien que je suis mal en point, mais personne n'ose dire quoi que ce soit, personne ne voit rien. Chacun pour soi et Angkar pour tous. Les autres femmes continuent leur besogne, et les *neary* me regardent d'un air moqueur, sans un mot de réconfort, ni un geste. Pire, elles plaisantent entre elles et prétendent que nous, les corrompus de l'ancien régime, sommes des malades imaginaires car nous n'aimons pas les travaux de la terre.

Pour combattre ma dysenterie je n'ai donc pas d'autre remède que de boire des tisanes. Au bout d'une semaine, miracle, je vais un peu mieux, mais je suis complètement épuisée, vide, vidée.

Puis quelques semaines plus tard, j'attrape le paludisme. La première crise est très violente (fièvre, maux de tête, frissons) ; et là encore, aucun remède pour soigner le mal : seuls les anciens, dont les enfants sont *yautheas*, possèdent de la quinine qu'ils acceptent de troquer au prix fort. Un comprimé de quinine vaut vingt boîtes de riz que je n'ai bien entendu pas en réserve[1].

À force d'ingurgiter des décoctions d'une plante très amère dont les feuilles (également très amères) se mangent en salade avec du poisson fumé séché et grillé ; au bout d'une semaine de cure, les crises s'espacent, le mal s'estompe, mais reste là.

Je me demande encore aujourd'hui où j'ai puisé cette force physique et morale pour encaisser toutes ces épreuves, mes diverses maladies n'étant hélas pas les dernières... cette force me vient-elle de mon enfance ?... Ma mère m'a raconté que, lorsque j'étais toute petite, nous avions une chèvre dans le jardin et que je rampais souvent à quatre pattes à côté de la bête. Un jour m'ayant laissée seule quelques instants, elle me retrouva la bouche pleine de

1. Autre exemple : un comprimé d'Auréomycine s'échange contre un carat d'or (36 g).

crottes de chèvre que je mangeais avec appétit. Les matières animales m'ont peut-être immunisée contre l'adversité, telle une potion magique !

Avec les premières pluies fin mai début juin commence le labour. Nous devons nous lever tous les jours à 3 heures, traverser le fleuve et marcher plusieurs heures. Je ne saurais dire à quelle distance de Loti se trouvent les rizières où l'on nous fait marner, en bordure de la route principale – sorte de route nationale – sur laquelle ne roule plus une seule voiture mais où nous apercevons parfois des groupes de *yautheas* à pied ou en vélo, se rendant au village voisin. Tout ce dont je me souviens, c'est que lorsque nous arrivons sur place, le soleil commence à se lever.

Pas de charrue, pas de bœufs pour le labourage. Armées de pioches, nous sommes la charrue *et* les bœufs. Les premières heures du matin sont à peu près supportables ; dès que le soleil commence à taper, le travail devient de plus en plus pénible. Il fait très chaud et humide. Exténuée par la maladie et les privations, je peux à peine soulever ma pioche, mais attention ! Je ne dois pas me plaindre d'une façon ou d'une autre. Les *yautheas* nous surveillent, tranquillement assis sur le bord de la route, discutant et fumant leurs petites cigarettes.

Au village de Loti-Batran, les hommes sont rares. Les femmes et les enfants de tous les hommes qui ont été arrêtés à Koh Tukveal ont été déportés ici, et regroupés sous l'appellation de « familles de traîtres » avec des familles issues d'autres camps. Ceux qui restent sont emmenés les uns après les autres en camps de rééducation. Nous savons tous, maintenant, ce que signifient ces fameux « camps de rééducation », selon la terminologie khmère rouge : « mort par exécution sommaire ».

Je me souviens d'une Cambodgienne mariée à un Chinois. Elle et son époux cachaient soigneusement leur identité. Ils racontaient qu'ils étaient tous deux du pays, et qu'ils exerçaient la profession de poissonniers sur le marché de Phnom Penh. En réalité, lui était un riche commerçant chinois et n'avait pu partir à temps. Ils avaient réussi à passer entre les mailles du filet jusqu'à ce que des proches les dénoncent. Un soir, les *schlops* sont venus chercher l'homme, comme à leur habitude. Cette nuit-là, plusieurs familles de réfugiés ont vu leur père ou mari partir pour ne plus jamais revenir.

Le lendemain, un *yauthea* se promenait avec au cou le foulard que le Chinois portait au moment de son arrestation ; grâce à ce symbole d'une rare finesse, sa jeune femme comprit immédiatement qu'elle était veuve. Cependant il était interdit de le pleurer, d'autant que son compagnon était un traître, puisque riche, il faisait partie des capitalistes corrompus de l'ancien régime.

À cette époque, les autorités n'ont toujours pas daigné me dire le sort qui a été réservé à mon traître à moi…

Les morts

Vers août 1976, ma belle-sœur Li tombe malade à son tour. Son teint jaunit, et elle commence à faire de l'œdème. Mais malgré son état, elle aussi s'efforce d'aller travailler tous les jours pour ne pas perdre sa ration de riz, qu'elle partage avec Ha, sa « bouche inutile ».

Son cas s'aggrave, nous n'avons rien pour la soigner. Les décoctions de feuilles de citronnelle ou de feuilles de jacquier qui font de l'effet chez moi qui souffre d'œdème nutritionnel ne donnent aucun résultat avec Li, qui fait de l'œdème cardiaque. Un jour, des *yautheas* pseudo-médecins passent dans le village pour nous apporter leurs précieux soins. En guise de médicament, ils distribuent aux malades de petites boules de son de riz cru enrobées de sucre de palme – je les qualifiais de « boules de la mort » –, en prétendant que celles-ci aideront à résorber l'œdème. Li accepte presque avec reconnaissance ce traitement douteux, car elle a faim, et n'importe quelle sorte de nourriture semble un don du ciel. Moi-même, je la supplie de me donner quelques boulettes pour calmer mon estomac. Mais comme tout le monde, elle est devenue obsessionnelle de la nourriture et garde pour elle les « précieuses » pilules qui, en provoquant une diarrhée aiguë impossible à arrêter, seront la cause de sa mort.

Deux jours avant son départ, je la vois avec émotion partager son poisson et son riz avec Jeannie. Li s'éteint donc tout doucement vers la mi-octobre 1976, un soir, juste avant le coucher du soleil.

Nous devons enterrer nous-mêmes nos morts, dans la forêt éloignée d'un kilomètre. À la tombée de la nuit, personne ne veut m'aider. Je dois donc passer la nuit à côté du cadavre, avec Jeannie et Ha sous la même moustiquaire.

Le lendemain, je demande de l'aide à des voisines, car toute seule et affaiblie, je suis incapable de porter un cadavre de trente à quarante kilos. De plus, il n'y a ni bois, ni clous, ni marteau pour fabriquer un cercueil – au début, lors des premiers décès, on se servait de lattes de bambou, reliées entre elles par des lianes pour former une sorte de natte, mais très vite le bambou s'est fait rare[1].

Nous mettons donc le corps dans un vieux sac en jute, l'emportons au « cimetière », attaché par le cou et les pieds, creusons un trou d'à peine un mètre de profondeur dans la forêt et y ensevelissons Li. Voilà la triste fin qui nous attend après notre trépas – statistiquement et probablement proche pour moi-même et les autres.

Des morts, il y en a trois ou quatre par jour, des morts de faim, de maladie… des morts dues au manque d'hygiène – les latrines creusées à proximité grouillent d'asticots ; pendant la saison des pluies, quand le fleuve déborde et inonde tout le village,

1. Le bambou est une plante très précieuse. Avec ses tiges, nous construisions les paillotes, et ses pousses sont comestibles, mais pour les cueillir, il faut se donner beaucoup de mal car elles sont bien cachées à l'intérieur de la touffe et on en ressort souvent couvert d'égratignures. C'est ce qui est arrivé à Jean-Jacques : un jour il est revenu au village avec deux belles pousses dans son *kromar* (écharpe), mais la chemise complètement en lambeaux et le dos labouré d'égratignures. Les Khmers rouges finirent par interdire la cueillette des pousses de bambou car, à force d'être ainsi dépouillées, les plantes n'arrivaient plus à se reconstituer.

nous finissons par patauger dans nos propres déjections. Nous vivons en vase clos et buvons l'eau qui sert à tout, y compris à laver le linge souillé par les diarrhées…

À force de côtoyer la camarde, de manquer du minimum vital, nous finissons par commettre de menus vols, sans plus penser que nous risquons la peine capitale. Un jour, en allant cueillir des liserons d'eau et des épinards sauvages, je découvre un potager foisonnant d'aubergines[1]. Croyant le coin désert, je me glisse en rampant sous les petits arbres et me mets aussitôt à en ramasser et à en remplir mes poches – les poches de nos chemisiers noirs nous sont fort utiles. Au moment où je ressors du champ à quatre pattes, je me retrouve nez à nez avec un *schlop*. Le délit est flagrant. Tout en ricanant méchamment, il m'emmène illico voir le chef du village. Ce dernier étant absent, il me donne alors une pioche et m'ordonne : « Voilà, *yé barang,* tu vas désherber ce lopin

1. C'est nous qui plantons et prenons soin de tous les légumes, mais une fois mûris et récoltés, on n'en voit plus la couleur – à l'exception du maïs, du manioc et de la patate douce qui nous sont redistribués. Les courgettes, potirons, tomates, aubergines se volatilisent dans la nature… ou plutôt dans la marmite des femmes des chefs Khmers rouges.

en attendant le retour du chef. » Morte de peur, je ne dis rien et me mets au travail. Au bout d'une heure environ, le *schlop* revient accompagné d'un comparse ; sans aucune explication, les deux gardes m'ordonnent de monter dans une petite barque et me font traverser la rivière pour me conduire au village voisin où je dois comparaître devant le grand chef, une tête que je n'ai jamais vue depuis que nous sommes à Loti. Le trajet ne dure que quelques minutes mais se fait dans un silence pesant, on n'entend que le clapotis de l'eau contre la rame. Assise entre eux deux, et ne connaissant pas leurs intentions, je grelotte de peur ; je me reproche d'avoir été si imprudente et regrette amèrement de m'être fait prendre de façon si stupide.

Le grand chef que je vois pour la première fois commence par me dévisager méchamment, puis me demande de façon abrupte :

« Pourquoi volez-vous ? »

D'une voix pitoyable, je lui réponds :

« Parce que j'ai faim ! »

Sèchement, il me rétorque :

« Mais nous aussi, nous avons faim, et pourtant, nous ne commettons pas de vol... »

Pendant qu'il me fait la morale, une bonne odeur de poisson grillé s'échappant de sa paillote me chatouille agréablement les narines et torture un peu plus mon malheureux estomac vide ; je vois alors, par la porte entrouverte, sa femme et ses enfants, assis en cercle autour d'un grand bol de soupe fumant, en train de manger bruyamment, se servant à pleines mains du riz et des morceaux de poissons grillés. Je salive, je bous de colère, mais ne peux que me taire. Et le sermon continue : « Vous, les intellectuels, vous êtes vraiment indécrottables ; on ne peut pas garder des éléments aussi pourris ! » À ces mots, je comprends le sort qui m'est réservé et oubliant toute interdiction, je me mets à pleurer à chaudes larmes : je demande au chef de me pardonner, je promets que je ne recommencerai pas, que j'essaierai de me rééduquer… Rien ne semble toucher le grand manitou ! Imperturbable, il s'adresse aux *yautheas* qui m'ont conduite : « Emmenez-la ! » tout en montrant la direction d'où personne ne revient…

Juste à ce moment arrive, à vélo, Ta Yem, le *canaksrok* – chef du district. Mis au courant de mon affaire, il me questionne sur ma famille et mes origines, puis me demande si je veux repartir en France. Je lui réponds : « *Mith*, mon sort est lié à la décision d'Angkar... » Il me semble que c'est ce qu'il faut dire ; d'une certaine façon je sais bien comment naviguer avec le vent.

Quelques minutes de silence pesant. Je tremble comme une feuille morte, je songe que je suis vraiment stupide de m'être mise dans un tel pétrin pour quelques aubergines. Mais quand on est poussé par la faim... Le verdict tombe enfin : « Pour cette fois, vous êtes graciée, mais si vous récidivez, Angkar prendra les mesures appropriées. »

Ouf ! Ce jour-là, j'ai échappé à la mort et je remercie Dieu d'être encore en vie. Mais le soir même, à la réunion de « lavage de cerveau », je dois faire mon autocritique devant tout le monde : j'explique ce que j'ai fait, j'implore Angkar et mes camarades de me pardonner, je promets que je ne volerai plus, et je demande à Angkar de m'éliminer si je recommençais... Je plie, je ne romps pas, mais quelle honte !

Tout le monde n'a pas ma chance à ce petit jeu. Un jour, mon fils est relâché avec d'autres enfants pour quarante-huit heures et tous viennent nous voir à Loti. La femme du chef du village, qui s'occupe de la cuisine commune, profite de leur présence pour se faire aider, et elle envoie trois garçons, dont Jean-Jacques, au ramassage du bois pour la cuisine. Ils doivent couper des branches ou des troncs d'arbres. Les enfants partent donc munis chacun d'un coupe-coupe. Or les enfants restent des enfants. Sur le chemin, ils tombent sur des monceaux de bois déjà coupés. Pour aller plus vite et ne pas fournir trop d'efforts, ils se servent dans le tas de bûches prêtes à l'emploi... Arrivent alors deux *yautheas* qui les surprennent en pleine besogne et les traitent de voleurs. Ils sont aussitôt arrêtés et emmenés au bout de l'île où se trouve une plantation de manioc.

En rentrant du champ en fin d'après-midi, je constate que les garçons ne sont pas revenus de leur corvée de bois. Ignorant ce qui s'est passé, je pars à leur recherche avec une autre mère. Arrivées à proximité de la plantation, nous apercevons nos enfants en train de piocher, tout en pleurant silencieusement. Nous n'osons rien faire, nous attendons. Peu avant le coucher du soleil, les garçons sont libérés. Je retrouve mon fils avec un extrême soulagement... mais aussi avec effarement, colère et une douleur impuissante : Jean-Jacques et ses camarades ont été sermonnés comme des voleurs, traités d'enfants de traîtres et de corrompus irrécupérables, ils ont été flagellés avec des tiges de manioc, puis forcés à travailler depuis 10 heures du matin jusqu'au soir, sans boire ni manger. Le corps de Jean-Jacques est labouré de traces de coups... Mais mon enfant ne s'en plaint pas, ne pleure pas, ne dit mot, il se referme complètement sur lui.

Aujourd'hui, j'ai encore mal en repensant au sort de mon fils, ce gamin de douze ans grandi trop vite par toutes ces épreuves, devenu adulte sans avoir eu le temps de vivre l'insouciance de l'enfance. Le traitement qu'il a subi ce jour-là – et d'autres certainement dont je n'ai pas été témoin, et il n'a jamais voulu m'en parler – et tous ces sévices l'ont tellement marqué que de retour à la vie normale, pendant des années, il n'a pas supporté de voir au cinéma ou à la télévision des scènes de flagellation. Lorsque par hasard il tombait sur des scènes de ce genre, il changeait aussitôt de chaîne, et dans la nuit il pleurait dans son sommeil tout en faisant des cauchemars.

« Ne volez pas ! Ne soyez pas corrompus ! » Les dictateurs au pouvoir veulent nous faire adopter, à travers la population locale convertie à leur cause, une ligne de conduite parfaite pour que nous devenions, nous aussi, un peuple pur et dur... Les anciens choisis pour nous inculquer ces règles sont des êtres souvent cruels, mais loin d'être irréprochables et se montrant incapables de suivre leurs propres commandements !

Nous savons parfaitement qu'ils nous mentent quand ils prétendent qu'ils mangent comme nous ; en fait, ils détournent des stocks de riz pour leur consommation personnelle. Leurs magouilles sont parfois découvertes. Ainsi Van, le beau-fils du chef du village, peu après avoir remplacé son père dans ses fonctions de chef d'équipe, en sera démis pour avoir volé du riz. Mais il ne sera pas puni et ne fera pas son autocritique en public.

La femme de ce même chef peut impunément se servir dans nos réserves, sans que personne lui en fasse reproche. Enceinte, cette villageoise est prise d'envies subites, et régulièrement elle rend visite aux potagers que nous avons péniblement plantés, soignés et arrosés avant et après notre pénible journée de corvée collective, pour nous rafler courgettes et épis de maïs mûris.

Moi aussi j'ai réussi à avoir « mon » potager : à force de m'entendre répéter sans cesse que si je ne veux pas mourir de faim, je n'ai qu'à planter moi-même, j'ai aménagé un petit espace devant ma paillote où j'ai semé une dizaine de pieds de maïs, un parterre de patates douces et quelques pieds de courgettes. Mais les plantes ne poussent pas toutes seules, il faut les arroser matin et soir. Avant de partir aux champs, je me lève donc une demi-heure plus tôt, vers 3 heures, pour puiser de l'eau au fleuve. Mes forces diminuent de jour en jour, c'est un travail harassant lorsqu'on est au régime forcé, mais je m'efforce de le faire, me persuadant qu'ainsi je pourrai peut-être manger à ma faim. La simple idée que mes efforts seront récompensés me donne la force d'accomplir cette tâche supplémentaire. Et en effet, au bout de quelques semaines, mes plants de maïs donnent des épis et mes courgettes des fruits. Un matin, je contemple, satisfaite, mon beau potager et toute contente, je me réjouis : « Chic ! c'est mûr, ce soir nous pourrons compléter notre ration de soupe ! » En partant, je recommande à Jeannie et à Ha de bien surveiller le trésor afin que personne ne vienne chaparder. Mais lorsque je rentre en fin de journée, quelle amère déception ! Plus de courgettes, plus de maïs, toutes les feuilles des lianes de patates douces sont arrachées. Les enfants n'ont rien pu faire, la coupable est la femme du chef du village ! Sous prétexte que madame est enceinte, elle a visité tous les potagers et a pris tout ce que bon lui semblait. Aux enfants, elle a expliqué que son butin servirait pour la soupe commune du dîner. Le soir venu, nous recevons, bien sûr, notre louche de potage de riz blanc sans rien d'autre, aucune trace des légumes, fruits précieux de notre dur labeur. Ils nous ont encore menti… Mais où est-il, ce fameux peuple pur et dur ? Je suis moralement désespérée, physiquement épuisée, mais ne puis me plaindre à mes bourreaux : je suis à leur merci.

Ma belle-sœur est partie dans un monde bien meilleur que celui où nous survivons péniblement. Là où elle est, elle ne souffre plus, tandis que pour moi et le reste de la famille le calvaire continue. Je suis à présent responsable de mon neveu, mais aussi de mes nièces, Leng, Hoa et Phan qui reviennent bientôt au village, malades et affaiblies, et à qui je dois annoncer la mort de leur mère... Elles ont à peine réagi à l'annonce de la triste nouvelle. À croire que, avec les lavages de cerveau quotidiens où ils entendent qu'ils sont les enfants d'Angkar et n'ont plus besoin de leurs parents, ils ne sont plus touchés par la perte d'un des leurs. En outre, les trois filles sont très mal en point. Malades et épuisées, elles ne sont plus en état de travailler, et en raison de leur improductivité, n'ont donc plus droit qu'à une demi-ration chacune. Quant à ma propre fille, de jour en jour plus squelettique et plus fragile, elle est toujours considérée comme une bouche inutile par les autorités.

Jean-Jacques, très amaigri lui-même et ne grandissant plus, tient le coup, du moins apparemment... Il reste dans le camp des enfants de son âge, appelé Kasang-ôt-Krop et situé à quelques kilomètres de Loti, où il finit la moisson, traité en adulte, accomplissant le même labeur pour la même maigre ration de riz. Je sais qu'il n'a pas le temps d'avoir des baisses de moral, il ne pense qu'à travailler pour survivre.

Quant à moi, je fais à mon tour un œdème généralisé – j'apprendrai plus tard par les médecins vietnamiens que, contrairement à ma belle-sœur qui souffrait d'un œdème cardiaque impossible à guérir sans médicaments appropriés, moi j'ai eu un œdème rénal, moins grave. En dépit de mon état, je continue à aller aux champs pour gagner ma ration de riz journalière, à partager avec les deux plus jeunes.

Pour soigner les œdèmes, les anciens nous donnent des conseils, mais de loin ; si une personne souffrant d'œdème monte dans leur paillote, ils la chassent à coups de balai[1]. Pour ces ignorants, c'est une maladie contagieuse. Ils nous recommandent donc de boire toutes sortes de potions magiques à base de sept[2] jeunes feuilles de bambou cueillies avec la rosée du matin, sept feuilles de jaquier[3] séchées et sept feuilles de citronnelle. Cette tisane ne donne aucun résultat chez Leng, Hoa, Phan, ni chez Jeannie. En revanche, sur moi qui fais donc un type d'œdème rénal, le breuvage a un effet

1. Quant aux soi-disant médecins *yautheas* qui passent parfois pour distribuer des poignées de pilules magiques, ils ne montent jamais dans les habitations où ils savent qu'il y a des malades.

2. Sept est un chiffre porte-bonheur.

3. Le jaquier donne un fruit appelé jaque, très parfumé, à savourer bien mûr, et dont les noyaux sont comestibles une fois bouillis. En temps normal on en trouve à profusion, mais avec les Khmers rouges nous n'en voyons plus la couleur.

diurétique un peu plus bénéfique mais ne me guérit pas complètement.

Restent mes crises de paludisme, pendant lesquelles je n'ai pas droit à un traitement de faveur, bien au contraire. Les anciens nous dirigent sans égards, ils sont durs et cruels, comme ce Van, le beau-fils de Ta Chen, qui, avant d'être pris la main dans le sac et destitué de ses pouvoirs, cumule les fonctions de *schlop* et de chef d'équipe. Impitoyable aussi bien avec les hommes qu'avec les femmes, il nous répète sans cesse : « Angkar veut que vous vous entraîniez à travailler par tous les temps, sous le soleil, la pluie, le vent, la tempête, rien ne doit vous arrêter, pas même la maladie ; il faut vous endurcir. » Sous sa direction, tout le monde s'exécute, qu'il pleuve ou qu'il fasse beau. Et pendant mes crises de paludisme, je dois continuer à repiquer le paddy[1], tout en grelottant de fièvre, sous un soleil torride, parfois sous une pluie torrentielle et toujours les pieds dans l'eau jusqu'à mi-mollet. Pour toute protection contre les intempéries, je ne possède qu'un vieil imperméable en toile cirée jaune que

1. Il existe une espèce de paddy que l'on peut repiquer dans des rizières inondées. Nous en faisons deux récoltes par an.

j'ai précieusement soustrait aux confiscations répétitives et qui m'abrite tant bien que mal.

Un matin, je suis à nouveau terrassée par une crise particulièrement violente. Incapable de me lever, étendue à même le plancher de la paillote, je grelotte de fièvre sous ma vieille couverture et deux vieux sacs de jute (je pourrais en avoir dix sur les épaules, j'aurais toujours aussi froid) ; pour me sentir mieux, il me faudrait quelque chose de très lourd sur le corps. Je demande alors à ma fille – si légère ! – assise tristement à mes côtés, de monter sur mon dos. La pauvre Jeannie, elle-même affaiblie et torturée par la faim, refuse. Prise de colère, j'allonge la jambe et lui donne un violent coup de pied qui la fait tomber sous la paillote. Comment ai-je pu agir ainsi envers ma propre enfant ? Quand j'y repense aujourd'hui, cette scène me broie les entrailles…

Il n'y a pas que les maladies qui nous guettent, mais aussi les accidents de travail… Nous n'avons jamais appris, dans notre vie de citadins corrompus, à manier avec adresse la faucille pour la moisson ou la pioche ; ces travaux champêtres relèvent souvent du parcours du combattant.

Un jour, en retournant la terre durcie d'un champ de manioc, je me sectionne le ligament du gros orteil. Je n'ai ni antiseptique ni aucun autre produit pour stopper l'hémorragie. Les anciens me conseillent alors d'uriner sur la plaie, puis d'appliquer un cataplasme à base de graines d'une herbe sauvage qui pousse à profusion. L'effet est miraculeux. Mais comme nous marchons toujours pieds nus et que je continue à patauger dans la gadoue, la plaie ne guérit pas et s'infecte quelques jours plus tard. Mon pied se met à enfler, j'ai de la fièvre. Je crains le tétanos. Pendant plusieurs semaines, je continue le traitement. Je peux à peine marcher, mais il faut *to sou*, pas d'arrêt de travail, il faut continuer à retourner dans l'eau croupie des rizières. Au bout d'un mois, je ne sais comment, la plaie se cicatrise comme par miracle…

Ma vie de sauvage m'a appris que l'urine est très utile comme désinfectant ou comme engrais. Pour obtenir un engrais efficace dans la culture des potagers ou du tabac, il faut laisser reposer le liquide dans un récipient pendant quarante-huit heures, puis le diluer dans la même quantité d'eau. Grâce à cette technique, nous obtenons des plants de tabac, de courgettes ou de maïs magnifiques…

C'est le 9 novembre 1976 que Jeannie et Hoa décèdent, à une heure d'intervalle.

Les semaines qui précèdent la disparition de ma fille sont très pénibles. De plus en plus tenaillée par la faim, elle devient irritable, grincheuse et méchante. Tous les jours, elle va mendier chez la femme du chef du village, attendant que cette dernière lui donne les restes de son repas ou se précipitant pour les ramasser si elle les jette à son chien. Lorsqu'elle obtient un morceau de manioc ou une poignée de riz grillé, elle se dépêche de les manger en cachette de son cousin et de ses cousines qui ont faim, eux aussi, et qui pourraient bien les lui disputer. Un jour de distribution de manioc, je commets la maladresse de donner à Jeannie un morceau un peu plus petit qu'à mon neveu ; ce geste qu'elle prend pour une injustice la rend furieuse, et elle me traite de tous les noms… La faim fait perdre la raison à tout être humain. Mais peut-on agir autrement quand on meurt, précisément, de faim ?

Ma fille n'est pas la seule à être obsédée par la nourriture. Ainsi, une autre fois, après la récolte du manioc, je reviens sur le champ récolté avec Jeannie et Ha, et à nous trois, nous réussissons à ramasser environ un kilo de racines de manioc cassées et encore enterrées. Au retour, nous nous offrons un petit festin et tout le monde est d'accord pour garder quelques morceaux pour le lendemain, que je mets soigneusement à l'abri sous mon oreiller[1]. Pendant mon sommeil, Hoa, torturée elle aussi par la faim, les vole et les mange tout crus.

Le lendemain, nous nous réveillons tout joyeux à l'idée de pouvoir nous mettre, pour une fois, quelque chose sous la dent. Mais nous déchantons brutalement, le sac est retrouvé vide sous la paillote. Furieux, nous nous accusons mutuellement jusqu'à ce que Hoa avoue son méfait…

Le matin du jour de sa mort, Jeannie me réveille vers 3 heures pour me demander si elle pourra avoir un peu de riz plus tard. La veille, Angkar nous a en effet promis d'augmenter notre ration. Je lui confirme qu'elle aura son riz, que je le lui donnerai moi-même. Alors elle me demande pardon d'avoir été méchante avec moi à propos de la taille de son morceau de manioc :

1. À l'époque, je cache tout, même les gros grains de sel, devenus des pépites d'or…

« Dis-moi, maman, pourras-tu me pardonner pour hier soir ? Je sais que je n'ai pas été gentille avec toi. » Je lui réponds, les larmes aux yeux et le cœur brisé, que c'est déjà oublié et qu'il ne faut pas qu'elle s'inquiète. En moi-même, je sais qu'elle n'en a plus pour longtemps, car on dit qu'avant de mourir l'être humain change : soit il devient très gentil et implore le pardon de ceux qui l'entourent soit très méchant pour qu'on ne le regrette pas. Au bord du désespoir, je ne sais pas comment faire pour exaucer son désir. À ce moment précis, plus besoin de médecin ni de médicament, mais seulement d'un bol de riz pour une petite fille de neuf ans mourant d'inanition, rien qu'un bol de riz. Regarder, impuissante, son enfant mourir de faim à petit feu est une torture intolérable…

Ce jour-là, on nous dispense de travaux dans les champs. Pour tromper le temps, puisque je n'ai pas d'autres moyens de lui venir en aide jusqu'à la distribution du riz, je lui fais un brin de toilette dès le lever du jour et la change. Puis je vais rapidement ramasser un peu de bois mort pour lui préparer une tisane de feuilles de citronnelle.

Peu de temps après mon départ, le petit Ha arrive en courant à ma rencontre. Jeannie va très mal. Je me dépêche de rentrer. Elle respire déjà très difficilement. La mort dans l'âme, je me rends compte qu'il n'y a plus rien à faire, elle ne m'entend plus. Impuissante et le cœur brisé par la douleur, j'assiste donc à sa lente agonie en lui tenant la main comme pour la guider sur le chemin d'un monde meilleur. Elle s'éteint tout doucement au milieu de la matinée.

Pendant un long moment, je reste là, immobile, sans oser verser une larme ou réciter une prière pour le repos de son âme. Anéantie par la douleur, je suis comme paralysée et continue de fixer le petit corps squelettique sans vie.

Les râles de Hoa me ramènent à la réalité. Elle aussi est en train d'agoniser… Le matin je lui ai également fait un brin de toilette et l'ai changée. Cela fait une semaine qu'elle est alitée, affaiblie par une diarrhée provoquée par les boules de son de riz et qu'aucune tisane ne parvient à enrayer. Pour guérir son œdème, les « médecins criminels » Khmers rouges lui ont distribué ces maudites boules de son de riz au sucre de palme qui donnent en deux jours l'impression de dégonfler, déclenchant de terribles diarrhées, lesquelles, si elles ne sont pas stoppées à temps, vous font trépasser de déshydratation. La potion des Khmers rouges guérit d'un mal mais en provoque un plus terrible encore. Le cercle infernal – œdème, boule de son, diarrhée – conduit directement au paradis. Ces monstres connaissent très bien les effets pervers de ce traitement. C'est pour eux un moyen peu coûteux et propre de nous éliminer progressivement. À chaque décès, j'entends les *yautheas* et les anciens ricaner : « Et voilà, ils meurent parce qu'ils ne mangent que des saletés, du son de riz, des épinards sauvages ! » Des saletés dont on se passerait volontiers...

Ma nièce s'éteint donc une heure après ma fille, sous mon regard épuisé. Tant d'émotions douloureuses dans une même journée me plongent dans un état second. Des heures durant, je ne peux plus rien faire, me contentant de regarder dans le vide, comme si le monde s'était arrêté de tourner. Pas de prières pour le repos de leur âme, pas de cérémonie. Nous mourons comme des animaux, sommes enterrés comme des animaux, sans sépulture. Pour enterrer les deux cadavres, je dois demander de l'aide aux voisins, car je n'ai pas la force de creuser deux trous. Je suis tellement blasée par la mort que je reste de marbre, sans même verser une larme. De toute façon, il est formellement interdit de pleurer, tout comme il est interdit de montrer sa joie. Mais qui aurait envie de rire ou de chanter depuis deux ans ? Dans le village on n'entend aucun rire ou cri d'enfants en train de jouer. On en voit encore quelques-uns, mais ce sont des enfants malades, des « bouches inutiles » qui errent comme des zombies à la recherche d'une nourriture quelconque...

Cette année-là, le village prend l'allure d'une cité macabre. La mort frappe chaque famille. Le soir, on entend les gémissements et les pleurs de souffrance des malades. Le matin, on sort un à deux cadavres des paillotes. La plupart des réfugiés sont en train de mourir d'épuisement et de maladie. Le lopin de terre défriché en guise de cimetière est vite rempli ; il faut trouver un autre terrain.

Tous ces morts n'émeuvent nullement les Khmers rouges. Un yauthea ira même jusqu'à déclarer : « Qu'ils crèvent donc tous, ces corrompus et ces pourris, moins il y en aura, mieux ce sera. Angkar n'aura plus de problème de riz à résoudre... »

La faim devient de plus en plus cruciale, elle torture tout le monde, torture subtile mais intolérable. Les feuilles de patates douces restent une denrée de luxe, je me goinfre de toutes sortes de lianes grimpantes, d'épinards épineux et sauvages, de pousses de jonc aquatique[1], de racines de bananiers abattus par les *yautheas* après la cueillette des fruits. Les liserons d'eau, eux, ne poussent plus ; tout le monde s'est rué dessus. Pour avoir la sensation de manger un peu de viande, je me rabats sur les sauterelles, scorpions, mille-pattes et cafards. Certains prennent même le risque de manger les feuilles des plants de manioc qui contiennent parfois une toxine mortelle. C'est la loterie, parfois on ramasse les feuilles d'un plant sain, parfois on tombe sur un plant contaminé, et là, ce seront vomissements puis diarrhée et trépas garantis…

Mon œdème est toujours présent, je suis complètement usée physiquement, mais je travaille tant bien que mal, car défricher la forêt ou désherber les plantations me permet de trouver quelques sauterelles ou quelques termites.

1. Le jonc aquatique, une fois séché, sert à la confection des nattes.

Il m'arrive même de chercher de la nourriture sous la paillote du chef du village, ou plutôt de ramasser les restes des repas qu'il jette à son chien, car chez lui le riz et le poisson foisonnent. Le soir, une fois ma louche de potage avalée, je me poste aux abords de la paillote et attends patiemment que toute la famille ait fini son repas. Au moment où les restes sont vidés à travers le plancher de la cuisine, je me précipite avant les cochons et le chien, et je récupère tout ce qui peut l'être : morceaux de manioc ou de patates douces, têtes de poisson, une à deux poignées de riz. C'est ainsi qu'un jour je me fais mordre par le chien arrivé avant moi en essayant de lui soutirer le morceau de peau de bœuf qu'il est en train de ronger… La faim est une torture physique et morale cruelle et insidieuse qui fait perdre toute notion d'orgueil, d'hygiène, et rabaisse l'homme à l'état d'animal. C'est ainsi que je surprends un beau matin mon voisin ingurgiter d'énormes vers de terre, après les avoir ouverts avec un couteau, débarrassés de leur terre et fait bouillir. J'ai tout essayé, mais les vers, je n'ai jamais pu, bien que mon voisin m'ait assuré que c'était « mangeable »…

En décembre 1976, les moissons recommencent, et nous voyons revenir la période faste de deux à trois mois, pendant lesquels nous avons droit à du riz solide. Cet espoir nous met un peu de baume au cœur.

Ce même mois, Leng, la fille aînée de ma défunte belle-sœur, âgée de dix-huit ans, meurt à son tour. Elle ne souffre pourtant ni d'œdème ni de diarrhée. Elle maigrit simplement, n'est plus réglée depuis près de deux ans, et s'affaiblit de plus en plus. Bizarrement, elle pressent le jour précis où elle doit partir et semble tout à fait sereine.

Un matin, Leng m'annonce : « Tata, je n'ai plus aucune force », et elle s'alite. Je m'occupe d'elle, lave son linge, car, ne pouvant plus se lever, elle a fait dans son pantalon. Elle pleure en me voyant nettoyer ses affaires souillées ; elle ne veut pas que je le fasse, et pourtant il le faut, car nous n'avons tous plus que deux vêtements de rechange.

Deux jours plus tard, quelques heures avant son décès, elle s'adresse à son jeune frère, Ha, et à Phan, sa deuxième sœur encore en vie, en leur recommandant d'être sages et de ne pas me causer trop de soucis, sinon elle viendra les chercher après sa mort. Elle me dit ensuite qu'elle ne se sent pas très propre et me demande si je peux faire sa toilette, lui mettre la chemise et le sampot blanc récemment distribués par Angkar et que nous n'avons pas eu le temps de teindre en noir. Pendant que j'accède à ses dernières volontés, elle me confie : « Tata, si je ne m'en vais pas ce soir, je m'en irai demain. Ne t'inquiète pas ! Lorsque je serai là-haut, pourras-tu simplement vérifier que je sois bien enterrée ? Il faut creuser un trou profond et me mettre toi-même en terre, afin qu'on ne me vole pas mes vêtements et que les bêtes sauvages ne puissent déterrer mon cadavre. »

Presque trente ans après les faits, je frissonne encore en rapportant ces paroles. Si ma nièce me faisait cette demande, c'est parce qu'elle avait vu de ses propres yeux des cadavres déterrés par les bêtes sauvages et d'autres dépouillés par des « voisins croque-morts » cupides qui récupéraient les vêtements en état pour les échanger contre du riz…

Après nous avoir livré ses dernières recommandations, Leng dit qu'elle est fatiguée et qu'elle a envie de se reposer. « On va venir me chercher », ajoute-t-elle. Puis elle ferme les yeux, comme pour s'endormir, et s'éteint tout doucement, à la tombée de la nuit. N'ayant ni bougie ni pétrole pour la veiller, je l'installe sous la même moustiquaire que nous, où nous passons la nuit avec son frère et sa sœur.

Personne n'a plus peur de la mort ni des cadavres.

Je suis donc consciencieusement les instructions de Leng : je creuse un trou de deux mètres de profondeur au lieu d'un mètre et m'occupe jusqu'au bout de l'ensevelissement de sa dépouille. Après cette besogne macabre et harassante, je reprends le travail comme si de rien n'était. Nous ne sommes plus que trois dans la paillote : Ha, sept ans, Phan, douze ans, souffrant elle aussi d'œdème généralisé, et moi.

À la même période, ma voisine chinoise perd à son tour ses enfants, les uns après les autres, quatre garçons. Très faible psychologiquement, elle n'encaisse pas le choc et devient complètement folle. Depuis notre arrivée sur Loti – où je l'ai connue –, elle n'a jamais participé aux travaux communs, prétextant une invalidité physique. Et étrangement les Khmers rouges la laissent tranquille. À l'heure d'aller aux champs, elle reste alitée, à se morfondre sur son passé, et se montre fort peu humaine avec les autres…

Un jour, en rentrant des champs épuisée et le ventre vide, je l'ai vue, entourée de ses garçons, en train de manger bruyamment du riz tout chaud et bien solide accompagné de poisson grillé. Rien que de humer ces bonnes odeurs, j'ai senti mes entrailles se convulser... Jeannie les regardait d'un air triste, en salivant. Mais à aucun moment la voisine n'eut la bonté de lui donner ne serait-ce qu'une boule de riz. Ils se contentaient tous de tourner le dos à ma pauvre petite fille et de continuer à remplir leurs estomacs. L'évocation de cette scène me brise encore le cœur.

Cette femme possédait beaucoup de bijoux, et pouvait donc se passer de la ration journalière distribuée aux travailleurs. En échangeant son or, elle mangeait presque à sa faim. Mais comment a-t-elle réussi à cacher tout ce trésor ? Pourquoi les maudits *yautheas* l'ont-ils toujours laissée tranquille ? Est-ce qu'elle les soudoyait ? Autant de questions que je me pose encore aujourd'hui.

En dépit de ce régime, elle ne tint pas le coup. Cette même année 1976, l'année de mes morts, ses quatre fils – pourtant mieux nourris que la plupart des autres enfants – décèdent. Et elle-même disparaît à son tour.

La décrue du fleuve amorcée en novembre laisse à sec le terrain derrière la maison et me permet de recréer un potager. Si je ne me fais pas à nouveau voler mes légumes, j'aurai ainsi un petit appoint à la louche de soupe quotidienne. Je reprends donc la corvée supplémentaire de l'arrosage, matin et soir. Je me motive : « Allez, Denise, vas-y, tu dois tenir… », et l'espoir de cueillir les fruits de mon propre travail me procure une force morale et une résistance physique surhumaines. La nuit, quand, tenaillée par la faim, je ne peux fermer l'œil, je me lève, suce un grain de gros sel, bois un grand bol d'eau fraîche, et arrose mon potager à la clarté de la lune. Le travail m'occupe, l'appât des futurs fruits et légumes me soutient. Je me répète, comme un refrain : « Denise, ne crève pas, reste en vie pour témoigner de toutes ces atrocités ; il faut que le monde sache ce qui se passe ici… Tu dois faire ça pour tes enfants et tous tes chers disparus… »

1977 arrive. Désespérément, je tente de soigner ma troisième nièce, mais Phan ne guérit pas et rend l'âme à son tour un matin de janvier. Ce jour-là, en signe de deuil pour tous mes morts – et aussi parce que j'ai énormément de poux –, je décide de me faire raser la tête. J'ai d'abord essayé de me mettre du pétrole dans les cheveux, mais les sales bêtes ont tellement proliféré que la solution s'avère radicale. Une vieille dame du village me rase donc, au couteau de cuisine…

Après toutes ces émotions, je me dis qu'une petite baignade me redonnera peut-être un peu de tonus. Mais en tentant d'éviter une sangsue, je glisse et perds pied. Ne sachant pas nager, je manque périr noyée : personne aux alentours, je me débats comme une furie, j'essaie de me rappeler les quelques mouvements de natation appris au lycée… Je réussis finalement à rejoindre la terre ferme… et ma vie cauchemardesque. Bizarrement, en dépit de cette torture lente que nous subissons quotidiennement, nous nous accrochons à la vie. La mort aurait été une délivrance, mais je ne veux pas encore mourir, plus je diminue physiquement et plus je conserve un moral d'acier. Pour qui ? Pour quoi ?

Réorganisation et fatalité

Depuis le début de notre exode, nous sommes complètement coupés du monde. Tout est verrouillé, aucune nouvelle de l'extérieur ne nous parvient. Nous ne savons même pas ce qui se passe à l'intérieur du pays, des décisions politiques des dirigeants, de l'attitude des autres nations face à ce que nous vivons...

Toutefois, à l'échelle de notre étroite prison, nous remarquons, ou plutôt ressentons des changements dans les comportements de nos geôliers et aussi leurs conséquences, souvent dramatiques, sur notre quotidien.

Vers la fin de la sinistre année 1976 déjà, les Khmers rouges ont préparé une grande réorganisation générale. Tous les villages sont regroupés pour former des *sahakârs* (coopératives), quatre *sahakârs* constituent un *sangkat* (quartier), et six *sangkats* un *daumbaung* (arrondissement).

En ce qui nous concerne, les villages de Ta Chen, Ta Svay, Ta Krak et Ta Lim forment un *sahakâr*, à la tête duquel est nommé un chef : il s'appelle Ta Man, c'est un *yauthea* sans pitié. Puis les *sahakârs* de Phnom Leap, Loti, Mean Doul et Prey Chou forment le *sangkat* de Phnom Leap, qui fait partie, avec cinq autres, du *daumbang* n° 5, situé dans la province de Battambang. Désormais, si on me demande mon lieu de résidence, je dois répondre : *sahakâr* Loti, *sangkat* Phnom Leap.

Ta Chen, Ta Svay, Ta Krak et Ta Lim sont tous démis de leurs fonctions de chef de village. Les stocks de riz, sel, sucre et poisson sont rassemblés chez le despote Ta Man, qui gère lui-même les réserves avec l'aide d'un *peanich* (magasinier).

La ration de riz, elle, ne s'améliore pas avec la réorganisation... Midi et soir, nous avons droit à notre louche de potage liquide, d'où nous ne repêchons qu'une cuillère à soupe de riz. Ta Man nous fait pourtant de belles promesses : « Prenez patience, chers camarades, l'année prochaine vous aurez droit à trois repas par jour, et vous mangerez du bon riz solide. »

Contrairement à ces discours engageants, l'année suivante, naturellement, nous manquerons de tout...

Autre grand changement, à partir de janvier 1977, la cuisine individuelle est abolie. On ne nous distribue plus de patates douces, de manioc, ni de poisson séché, et tous ceux qui possèdent du riz en stock doivent le remettre au chef du village. Interdiction absolue de faire cuire quoi que ce soit, à l'exception de l'eau que nous buvons et de la soupe que nous sommes autorisés à préparer avec les plantes ramassées dans la nature. Mais cuire du riz est un délit sévèrement puni : si nous en mettons dans une marmite, c'est que nous en possédons, et si nous en possédons, c'est que nous l'avons volé...

Angkar nous fait la cuisine ! Une cantinière apporte directement leur « casse-croûte » aux travailleurs, dans les champs. Et pour les quelques personnes âgées ou enfants qui restent au village, le premier repas du matin est distribué vers 10 ou 11 heures. Lorsque la cloche sonne, ceux-ci se précipitent avec gamelle et cuillère sous un abri appelé « salle à manger ». La cuisinière (en général la femme du chef du village) leur distribue un bol de riz solide, bienfait de la période de moisson apprécié à sa juste valeur[1]. Puis grands et petits s'installent par groupes de quatre sur des bancs disposés de part et d'autre d'une longue table devant un bol de « soupe de poisson ». Il s'agit en fait d'un liquide opaque à base de *prahok* où flottent deux à trois morceaux de manioc ou de racine de bananier. Ils se jettent dessus comme une horde de chiens affamés, et le plat est nettoyé en quelques minutes. Même chose pour le deuxième repas de la journée, à 17 heures.

Pour les grandes occasions ou les jours de fête comme le nouvel an, on tue parfois un cochon, mais dans le bol de soupe à partager à quatre, il n'y a que quatre ridicules bouts de viande de couleur indéfinissable, le chef et les *yautheas* se réservant les meilleurs morceaux.

J'ai toujours une faim de loup et je serais capable de manger un kilo de riz par repas. J'essaie de me faire muter au décorticage du paddy : le travail étant plus pénible que la moisson, mais ceux qui y sont assignés ont droit à une plus grande ration, et peuvent

1. Dès la fin de la moisson, il n'y aura que du potage au menu…

aussi récupérer le son de riz, complément très appréciable.

La période faste de la récolte ne dure pas longtemps. Vers fin février, on ne sait pour quelle raison, le village commence déjà à manquer de ravitaillement. Sur le moment, je ne comprends pas les raisons de cette rupture brutale de stocks. Une fois sortie des camps, j'apprendrai qu'une partie du riz récolté à la sueur de notre front prenait la direction de la Chine en échange d'armes, de munitions, de camions... Nous vivons dans un pays producteur de riz, mais nous en sommes réduits à mourir de faim, par la volonté des Khmers rouges.

Lorsqu'il n'y a plus de paddy à décortiquer, les femmes sont envoyées dans la forêt pour couper une plante appelée « *tien khêt* » qui, une fois hachée, mélangée à de la bouse de vache et séchée, sert à faire de l'engrais. Ce travail est dirigé par Ta Sok, un autre énergumène aussi méchant et sans cœur que ses comparses. Il a, paraît-il, rejoint les Khmers rouges longtemps avant 1975, et parle plusieurs langues : français, anglais, thaï et chinois. Il me trouve sans doute antipathique car, dès qu'il me voit, il ne cesse de m'ennuyer pendant le travail : « Alors, *yé barang*, est-ce que tu travaillerais comme ça dans ton pays ? Approuves-tu ce qu'Angkar te fait faire ? »… Et moi de lui répliquer ma petite rengaine : « Oh oui, je trouve très utile tout ce qu'Angkar nous inculque, toutes ces choses que je n'aurais jamais apprises en France… »

Je suis affectée à la fabrication des engrais pendant environ un mois. Tous les jours, le « responsable de fabrication », le fameux Ta Sok, nous répète : « Efforcez-vous de produire un maximum d'engrais pour nos rizières, Angkar a besoin de dix tonnes pour tout le *sangkat* ! »

Le ramassage du *tien khêt* est un véritable labeur. La journée débute à 6 heures du matin. Dès le premier son de cloche, nous devons toutes être prêtes devant la maison de Pouk Sok avec notre coupe-coupe, puis nous prenons la direction de la forêt, marchons environ une heure avant de trouver la fameuse plante. Chacune de nous doit en couper quarante kilos par jour, à lier en bottes de vingt kilos que nous rapportons posées en équilibre sur notre tête. Si une botte ne fait pas vingt kilos – en les soupesant à la main, ils arrivent à estimer leur poids –, nous avons droit à des remontrances. De retour, nous coupons les tiges en petits morceaux, puis repartons chercher de la bouse de vache pour la mélanger avec le *tien khêt* coupé. Par voyage, il faut charrier environ vingt kilos de bouse, et dans un après-midi, nous faisons au moins cinq voyages. Enfin, nous mélangeons la bouse et la plante, et versons dessus nos urines recueillies et conservées à cet effet – nous apportons nos urines tous les matins à l'endroit où l'on fabrique l'engrais.

Le mélange terminé, on le laisse sécher quelques jours avant de le transporter jusque dans les rizières : cent vingt à cent cinquante kilos par jour et par personne. Les rizières sont loin, c'est un travail d'homme… Pourtant, lorsque la main-d'œuvre manque – avec les purges répétitives, les hommes sont une espèce en voie de disparition –, les enfants de cinq à six ans sont mobilisés ! Les gamins âgés de sept à dix ans ne sont pas sollicités, car ils sont soi-disant regroupés pour apprendre à lire et à écrire. En réalité, ils coupent le *tien khêt,* moissonnent, repiquent…

Les petits travaillent sous la direction d'un garçon plus âgé qui fait partie des anciens[1] et sont traités comme des adultes. Les

1. Les postes clés tels que chef d'équipe, magasinier, cuisinier ou « espion »… sont toujours réservés aux anciens, même chez les enfants.

accidents sont fréquents. Un jour, en allant chercher du *tien khêt,* un enfant de sept ans est mort après avoir été mordu par une vipère. Une autre fois, ne trouvant plus de plantes sur place, le chef d'équipe a emmené tout un groupe en pirogue dans le village d'en face. La récolte a été bonne, mais au retour la pirogue, trop chargée, chavire et coule, causant la noyade de plusieurs enfants. Dans le même objectif de fabrication d'engrais, les gamins sont également exploités pour garder les bœufs et ramasser leurs bouses ! On est bien loin de l'apprentissage de la lecture…

Sous le règne de Ta Man comme président du *sahakâr,* les condamnations à mort se multiplient. Malheur à vous si l'on découvre que vous étiez militaire, que vous occupiez une fonction importante sous l'ancien régime ou que vous aviez une maîtresse ou deux femmes, les *yautheas* viennent aussitôt vous chercher et on ne vous revoit plus jamais. Dans l'ancienne société dite « des corrompus », la bigamie était autorisée et même légalisée, chez les Khmers rouges, elle est interdite et l'adultère sévèrement puni. Par contre, si un Khmer rouge désire épouser une jeune réfugiée, celle-ci n'a pas le droit de refuser, sinon elle est condamnée à mort. Beaucoup de jeunes Phnompenhoises sont ainsi contraintes d'épouser des invalides de guerre Khmers rouges : elles sont la récompense offerte par Angkar à ses vaillants guerriers.

Dans le village de Ta Man vit une jeune Phnompenhoise belle et à l'air aisé. Elle aurait attrapé le paludisme à son arrivée sur l'île, et ne travaille jamais. En discutant un jour avec elle, j'ai appris qu'elle était professeur de philosophie au lycée Sisowath à Phnom Penh. En fait, elle simule les symptômes du paludisme pour ne pas participer aux travaux communautaires. De plus, avec les *yautheas*, elle fait semblant d'être muette et ne parle que par gestes.

Son comportement finit par intriguer les *schlops* qui la surveillent. Ils débarquent chez elle un soir où elle n'est pas venue à la réunion d'éducation. Elle est surprise en train d'écrire dans un petit carnet où elle consigne ce dont elle a été témoin depuis avril 1975. Dès le lendemain matin, deux bourreaux, âgés d'à peine seize ans, la conduisent dans la « forêt située à l'ouest », pour un aller sans retour : tous ceux qui ont été emmenés n'en sont jamais revenus. La jeune femme est sauvagement égorgée. Une fois leur sale besogne terminée, les *schlops* reviennent piller sa paillote, où ils trouvent de l'or, des diamants et des pierres précieuses.

Le soir, à la réunion d'éducation, le chef du village nous annonce qu'Angkar a découvert au village une ennemie du régime à qui il a réservé le sort qu'elle méritait. Cette « philosophe » n'était qu'un élément perturbateur et corrompu, la pire des intellectuelles – qui avait conservé les mauvaises habitudes de l'ancien régime… – ne cachait-elle pas de l'or et des pierres précieuses ?

Je comprends alors comment elle a réussi à survivre si longtemps sans travailler. Tout comme mon ex-voisine, la jeune femme troquait son or contre du riz et du poisson.

Naturellement, les bijoux trouvés vont directement dans la caisse d'Angkar, ici en l'occurrence dans celle de Ta Man.

En 1977, les bouleversements continuent.

D'après les archives, j'apprendrai plus tard qu'au niveau national les Khmers rouges sont divisés entre pro-Vietnamiens et pro-Chinois, et des unités militaires cambodgiennes, fidèles à la deuxième tendance, effectuent de multiples incursions dans les provinces frontalières du Vietnam. Cette situation a sans doute des conséquences sur nos propres maîtres.

Car au mois de mars, alors que nous reprenons le décorticage du riz, le chef du village nous annonce l'arrivée des *nearadey*, une population en provenance du Sud-Ouest. Trois mille personnes seront donc réparties dans tout le *dambaung* n° 5. Le *sahakâr* de Loti reçoit dix familles, notre village hérite ainsi de Ta Suong, qui devient notre magasinier, et de Ta Soy, qui prend les fonctions de nouveau président du *sahakâr*, à la place de Ta Man. Deux familles sont maintenant responsables du village de Ta Chen, la famille de Ta Ling et celle de son beau-frère.

Toujours sans savoir ce qui se passe dans la haute sphère, nous sommes ravis, persuadés qu'avec l'arrivée de ces *nearadey* notre existence va s'améliorer. Hélas, notre déception est immense, car peu de temps après l'installation de ces arrivants, les représailles redoublent d'intensité.

Au début pourtant, cherchant à nous faire parler, nos nouveaux chefs adoptent une politique très paternaliste. Ta Soy se rend dans tous les villages pour faire l'état des lieux, visite les malades, leur distribue des médicaments (des pilules ressemblant un peu aux médicaments chinois qui soignent tout, paraît-il). En découvrant le cimetière rempli, il s'étonne et fait mine d'ignorer qu'il y a eu tant de morts. Il pose des questions comme : « Mais de quoi sont-ils morts ? » Et chacun s'empresse alors de lui raconter ce que nous avons enduré, la famine, les maladies ; et de se plaindre, d'expliquer les traitements si injustes des ex-« anciens »... De fait, tout le monde pense que les nouveaux chefs qui montrent tant d'intérêt à notre égard vont nous sortir de cet enfer. Erreur fatale. Nous marchons les yeux fermés vers leur piège, sans imaginer le petit jeu cruel de ces monstres.

Peu de temps après l'arrivée des *nearadey*, un grand rassemblement réunit les habitants de tous les villages du *sahakâr*. Ta Soy nous annonce qu'il est envoyé par Angkar pour prendre soin de la population à la place des ex-dirigeants, une bande de traîtres qui n'a pas suivi les directives du Parti. Angkar nous avait fait distribuer du riz, du sel, du lait, du savon, des médicaments et même du tissu, et tous ces produits ont été détournés... « Dorénavant, affirme Ta Soy, votre vie sera meilleure. Tous les dix jours, vous aurez un jour de repos, celui-ci sera consacré à des réunions d'éducation afin que vous soyez mieux formés. Ce jour-là, on tuera un bœuf et vous aurez même droit à un dessert. Et quand vous travaillerez, des pauses d'un quart d'heure vous seront accordées, le matin et l'après-midi... »

Toutes ces promesses nous paraissent idylliques. Pour nous, c'est le début du paradis !

En ce qui concerne le régime potage de riz (qui, lui, n'a pas changé), Ta Soy déclare : « Courage, mes chers camarades, vous devez continuer à lutter un peu, car Angkar est encore dans le besoin. *Pracheachun* (vous, le peuple), vous n'arrivez pas à obtenir le rendement maximum dans les rizières. Pour vous y aider, Angkar a décidé de construire une grande digue dans la région de O'Leap pour amener l'eau dans tous les champs. Lorsque nous serons maîtres de notre travail, maîtres de l'eau et maîtres de la terre, vous pourrez alors avoir vos trois repas quotidiens, manger à votre faim, et vous ne travaillerez plus que deux heures par jour. »

Soit. Ce jour-là, tout le monde a envie de croire à de si belles paroles. Moi-même je recommence à rêver d'un avenir meilleur. À la fin de la réunion, l'équipe de relève demande à chacun de nous un autre curriculum vitae (encore !) pour soi-disant savoir ce qu'Angkar pourrait nous confier comme travail.

Je ne cache pas que je suis française et que je travaillais à l'ambassade de France, car je nourris toujours l'espoir insensé que la France est en train de chercher ses ressortissants depuis Phnom Penh où la vie a dû reprendre un cours normal...

En toute confiance, nous notons scrupuleusement nos anciennes activités, et tout retombe dans l'oubli. Quelques mois plus tard, les rares hommes survivants des purges précédentes disparaissent à leur tour. Angkar a besoin de leurs services, nous explique Ta Soy. On vient les chercher le soir, et personne ne les revoit. La terreur règne à nouveau.

Je continue à travailler au décorticage du paddy. Les *nearadey* ont regroupé les stocks de riz des cinq villages du *sahakâr*, et le travail se fait dans une seule usine, jouxtant la maison de Ta Soy, sous la direction de

Mme Mao, épouse du magasinier Ta Suong. Nous sommes toujours aussi mal nourris, mais je peux faire l'appoint avec un peu de riz volé chaque jour au travail. Du reste, toutes les femmes assignées au décorticage se servent sans scrupules : c'est tellement tentant quand on est au contact de cette précieuse denrée et qu'on n'a droit, le soir, après le boulot, qu'à une louche de potage... Angkar a fait de nous des voleuses ; sous l'ancien régime de pourris et de corrompus, nous étions d'honnêtes citoyennes !

Voici comment nous procédons pour accomplir notre larcin. Nous opérons toujours en l'absence de Mme Mao. Nous mettons une ou deux boîtes[1] de riz (que nous venons de décortiquer) dans une corbeille, et nous empilons une corbeille vide au-dessus. Puis, à deux, nous allons chercher du paddy au magasin. À tour de rôle, l'une des deux fait le guet, pendant que l'autre remplit un petit sac en tissu, attaché autour de sa taille, avec le riz décortiqué dissimulé dans l'une des corbeilles. L'opération terminée, nous retournons au travail avec chacune sur la tête une corbeille rem-

1. Le riz se mesure avec des boîtes de lait concentré sucré vides.

plie de paddy. Deux autres femmes se rendent à leur tour au magasin et ainsi de suite jusqu'à ce que tout le monde ait sa part. Nous sommes une douzaine d'ouvrières à décortiquer trente sacs de cent kilos par jour ; avec notre système, ce sont un à deux pécules[1] de riz quotidiens qui disparaissent du stock d'Angkar.

Mais une fois l'opération effectuée, nous sommes gênées par les sacs enroulés autour de notre taille, ou à l'extérieur de la culotte sous le sampot (quelques-unes s'y confectionnent une poche, afin d'agir plus rapidement). Lorsque nous nous sommes servies trop tôt le matin et que la journée est encore longue, pour être à l'aise, nous allons cacher notre butin dans les fourrés derrière l'usine. Si par malchance les cochons du *sahakâr* lâchés dans la nature passent dans les parages, nous retrouvons nos sacs vides, voire même plus de sacs. Il m'arrive de voler deux sacs par jour, l'équivalent de deux boîtes de riz : le luxe, le bonheur !

Nous ne sommes plus que deux dans la paillote, mon petit neveu et moi. Mon fils revient périodiquement pour profiter de ce

1. Un pécule correspond à environ cinquante boîtes de mesure.

« trésor de guerre ». Parfois, après avoir avalé son bol de soupe au camp des *kômars*[1], il s'éclipse et passe au village faire un plein de riz. Malheureusement pour le cuire, il faut faire vite et en cachette. Pendant que je surveille la cuisson, Ha monte la garde sous la paillote.

D'août à octobre 1977, nous ne sommes plus affectées au décorticage du paddy. Angkar a trouvé une machine à Phnom Leap qui accomplit le travail à notre place. Nous ne soufflons pas pour autant. Ta Suong nous envoie à Koh Tral, une autre île, pour planter du maïs, du manioc, de la patate douce, de la canne à sucre et d'autres légumes sur des kilomètres. Il nous faut d'abord défricher un terrain de deux hectares pour le manioc. J'aime démolir les buttes de terre, car j'y trouve toujours des insectes ou des scorpions, aliments indispensables. Depuis l'arrêt du travail de décorticage, le riz que nous escamotions dans nos culottes nous manque cruellement…

Un jour, en défrichant, je tombe sur une termitière grouillante de petites larves

1. Des enfants ; les garçons sont des *kômaras* et les filles des *kômareys*.

blanches. Tenaillée par la faim, j'y mets la tête et mange goulûment les larves toutes crues. Sur le moment, c'est un vrai régal ! Mais le lendemain matin, je suis prise de démangeaisons et me gratte tellement que ma figure est complètement enflée. Une vieille dame me conseille de boire une décoction à base de feuilles de cannabis pour calmer les démangeaisons. Sans savoir que cette plante est une drogue, je m'en procure auprès d'un Phnompenhois qui en possède deux pieds. La décoction fait des miracles : elle calme les démangeaisons, mais aussi les affres de la faim... Mais le jour suivant, à la même heure, je ressens le besoin impérieux de reprendre de cette potion. Le gars m'en donne encore quelques feuilles, que je me dépêche de faire cuire avec mes épinards sauvages. Le goût de ma soupe est bien relevé, et après en avoir bu un bol, je n'ai plus faim et me sens plutôt euphorique ! Au bout du troisième jour, le filon est épuisé. Mon fournisseur accepte de me donner des feuilles à la condition que je lui donne du riz en échange. Heureusement, car sa cupidité m'a empêchée de devenir accro au cannabis.

Le 30 octobre 1977, au cours d'une grande réunion d'éducation[1], présidée par Mme Chem – une *nearadey* représentant toutes les femmes du *sahakâr* –, nous apprenons que la machine de l'usine de Phnom Leap ne fonctionne plus en raison d'une pénurie de diesel, et que les usines de décorticage locales vont être remises en marche. Bonne nouvelle pour les chapardeuses ! Le 1er novembre, je retrouve donc mon travail avec joie, persuadée de pouvoir m'alimenter plus facilement.

Un matin où il souffle un vent du nord assez frais comme souvent entre novembre et décembre, le froid et la faim me tenaillent. Je me lève donc plus tôt que d'habitude pour préparer du potage avec deux poignées de riz et beaucoup d'eau. Mais Ta Li fait déjà sa ronde avec un *schlop*. Silencieusement, sans crier garer, il grimpe dans ma paillote – nos paillotes n'ont pas de porte, n'importe qui peut y entrer n'importe quand – et me demande pourquoi je fais du feu de si bonne heure. Avant que je n'aie le temps de répondre, il soulève

1. Les *nearadey* ont instauré une réunion qui se tient à Phnom Leap à la fin de chaque mois et qui regroupe le *sangkat* entier afin de passer en revue les problèmes de chaque village.

déjà le couvercle de la casserole. Je n'ai d'autre solution que de lui dire que je me sentais un peu faible et que j'avais faim.

« D'où vient ce riz ?

— Des épis ramassés par mon fils dans les rizières déjà moissonnées. »

Il ne dit rien, vide l'eau de la casserole qu'il remet sur le feu. Tout le liquide s'évapore, il ne reste au fond qu'une couche de riz bien solide et cuit. Puis Ta Li m'emmène chez son beau-frère Ta Ling, lui présente l'objet de mon crime et lui explique qu'il m'a trouvée en train de faire cuire du riz – il ment car il a bien vu que je faisais cuire du potage et non du riz – et que j'ai volé ce riz pendant le décorticage.

Le verdict ne tarde pas : Ta Ling se lève, va chercher une pioche et m'emmène dans le potager commun où il reste encore un lopin de terre non désherbé et non labouré, de quinze mètres sur quinze. Il m'intime l'ordre de désherber et de retourner tout le carré dans la journée. Si je n'ai pas fini le soir, la surface sera doublée. En outre, je suis privée de mes deux rations de nourriture.

Je ne suis pas la seule punie : une vieille dame chinoise est déjà là, prise, comme moi, en flagrant délit de cuisson de riz. Son mari est chargé de la fabrication d'engrais à partir des bouses de vaches séchées mélangées à de la cendre d'écorce de paddy. Il vient chaque jour chercher des sacs d'écorces à l'usine de décorticage pour les brûler non loin de sa paillote, et les ouvrières, par solidarité et en échange aussi parfois de quelques légumes ou de poissons, y ajoutent un peu de riz. Il n'a alors plus qu'à passer discrètement la marchandise au tamis pour séparer le bon grain de l'écorce... Bref, c'est lui qui vole, mais c'est sa femme qui fait cuire le riz, et c'est elle qui est châtiée.

Un autre homme nous rejoint sur notre terrain de correction, plus tard dans la journée. Sa femme et ses enfants souffrant d'œdème nutritionnel, il est venu mendier un peu de son de riz à l'usine, mais Mme Mao le lui a refusé, et par désespoir il s'est résolu à risquer un gros coup : il a coupé des épis de paddy dans une rizière non moissonnée[1]...

J'achève ma punition vers minuit, à la clarté de la lune, les mains en sang. Le

1. Depuis l'arrivée des *nearadey*, même le ramassage des épis laissés après la moisson est interdit. Certains volent pourtant des sacs entiers de paddy qu'ils pilent ensuite en cachette dans la forêt.

lendemain, je reprends le travail. Personne ne fait de commentaires.

Vers la fin décembre survient mon deuxième malheur. Angkar doit laisser tous les enfants rentrer au village. Pour l'occasion, j'ai envie de leur faire cuire un peu de riz, il fait grand jour, personne ne verra le feu. Mais c'est sans compter sur la femme de Ta Ling qui, accompagnée de la cuisinière, choisit ce moment pour passer dans chaque paillote, sous le prétexte de chercher de la vaisselle pour la cuisine commune. Prévenue à la dernière minute par Ha qui fait le guet mais ne l'a pas vue arriver par-derrière, je me dépêche de cacher la casserole de riz encore chaude dans le sac des vêtements. Mais la femme du chef est venue pour perquisitionner. Elle fouine partout, vide tous les sacs, y compris celui des vêtements... et arbore un sourire de triomphe, la garce. Elle prend la casserole et l'emporte chez son mari sans un mot. Ma faute est grave, car la dernière fois j'avais promis que je ne recommencerais pas.

Je suis convoquée illico chez Ta Ling, qui me jette un regard glacial, dénué de toute indulgence. De nouveau, il me met une pioche dans les mains. Cette fois-ci ce ne sont plus quinze mètres sur quinze que je dois défricher, mais le double. Le soleil est déjà haut, j'ai le reste de la journée et toute la nuit pour finir. Heureusement, Jean-Jacques arrive entre-temps. Je n'ai rien eu à manger, il s'arrange pour m'apporter deux poignées de paddy qu'il a ramassé et fait griller. Puis, comme mes mains recommencent à saigner, il m'aide un peu avant de retourner dans son camp au coucher du soleil. Je termine ma corvée à 3 heures du matin, au premier chant du coq... J'aurais pris un peu de retard, ma punition aurait été doublée.

Au travail, mes collègues ne sont pas contentes et me reprochent de mal me débrouiller. Depuis le début, nous avons conclu un accord entre nous stipulant que, si une fille se fait prendre, en aucun cas elle ne doit dénoncer sa voisine, mais endosser l'entière responsabilité. N'empêche, à la longue, tout le monde risque d'être soupçonné de détourner les stocks de l'usine.

Constatant que rien ne peut arrêter les vols de riz ni le ramassage des épis de paddy, Ta Ling finit par placer une équipe de *schlops* à l'entrée du village, lesquels ont pour mission de fouiller les ouvrières, les moissonneuses, les pêcheurs et les enfants au retour du travail. Nous sommes toutes prévenues qu'il est de plus en plus difficile de sortir du riz en douce, d'autant que le magasinier, légitimement soupçonneux, participe lui-même à l'opération.

Têtue comme une mule, une de mes collègues tente sa chance malgré tout en cachant du riz dans la poche extérieure de sa culotte. Repérée à sa démarche engoncée, elle est arrêtée, fouillée. Les *schlops* trouvent sans peine sa cachette et son trésor. Sa punition est dure : elle doit décortiquer, toute seule, deux sacs de paddy par jour, pendant cinq jours. Or le pilon de la machine nécessite la force d'au moins deux personnes pour être soulevé...

Quand ma collègue a purgé sa peine, Mme Mao nous réunit :

« Chères camarades, ne soyez plus pourries, essayez de redevenir honnêtes, de vous corriger. Tâchez d'être franches envers Angkar, si vous voyez l'une d'entre vous commettre une mauvaise action, n'hésitez pas à m'en parler !... »

Bref, elle nous demande de faire de la délation. Nous ne pouvons nous empêcher de rire sous cape, car pendant qu'elle nous sermonne, nous avons déjà notre précieux chargement autour de la taille. Ce jour-là, nous avons la chance de rentrer sans incident, sans croiser le moindre gendarme. Où sont-ils passés ? Mystère du régime…

La grande pagaille

Fin janvier 1978, on nous apprend que la capricieuse machine à décortiquer de Phnom Leap est de nouveau opérationnelle et qu'il faut fermer les petites usines des *sahakârs* avoisinants. Cette conjoncture n'est guère favorable aux femmes, en particulier aux femmes des traîtres... Car toutes celles dont le mari a été emmené en camp de rééducation ne resteront pas longtemps inactives. Nous sommes envoyées les premières à O'Leap et à Lahal Souy pour la construction de digues. Potentiellement coupables nous aussi, nous sommes surveillées pendant le travail et jusque dans nos moindres mouvements.

Pourquoi ce projet de bâtir des digues, que Ta Soy avait annoncé le jour de son investiture ? De grands ingénieurs étrangers, venus prodiguer leurs conseils en matière d'irrigation, ont jugé que celles-ci permettraient, en amenant l'eau partout, de cultiver les terres trois fois par an et donc de tripler la production. « Il faut lutter, camarades ! Avec les digues et les canaux nous ferons prospérer plus de terres et vous pourrez manger trois fois par jour. » Les réfugiés travailleront donc non-stop, se relayant jour et nuit pour achever les travaux avant la saison des pluies. La moindre parcelle de terre sera transformée en rizière… Hélas, nos efforts seront réduits à néant et le résultat s'avérera catastrophique. Dès les premières pluies, tout sera inondé ! J'en déduis aujourd'hui que soit ces ingénieurs étaient des incapables, soit ils savaient parfaitement que ces digues allaient inonder la région et tuer ainsi toute la population déjà condamnée par les Khmers rouges.

En attendant, je suis sur la liste des partantes pour le chantier titanesque de O'Leap. Lequel serait une corvée supportable et envisageable si nous étions en bonne santé, mais pas dans notre état physique du moment. Je vois passer de près la chance d'éviter ce bagne, lorsque la décortiqueuse de Phnom Leap, faisant à nouveau des siennes, tombe en panne faute de carburant et qu'il faut d'urgence remettre en service les petites usines locales… Les rares femmes qui ont encore leur mari restent au village et reprennent le travail du décorticage. Pensant manquer de main-d'œuvre, Mme Mao essaie de me rappeler pour cette tâche, mais trop tard, je suis déjà enregistrée dans l'équipe de construction des digues, sous la direction de l'impitoyable Ta Soy… Le sort semble s'acharner sur moi.

Mon nouveau travail est un véritable bagne. À longueur de temps, il faut piocher dans une terre argileuse, durcie, sous un soleil de plomb, sans ombre, sans fleuve à proximité. Pour étancher notre soif, nous n'avons que l'eau croupie des rizières. Les heures de « travail » sont invariablement les mêmes : de 5 heures à 11 heures du matin, puis de 11 h 30 à 17 heures en continu. La pause pour la louche de potage ne dure qu'une demi-heure. Nous ne revenons pas à Loti pour la nuit, mais campons sur place. Les conditions de vie sont plus rudes qu'au village, et il ne faut surtout pas s'en plaindre.

La digue commence à prendre forme lorsqu'un soir, au cours d'une réunion de lavage de cerveau, Ta Soy réunit tout le camp et nous annonce abruptement qu'Angkar a décidé que la digue en construction sera baptisée *Tonoup Mimai*, la « digue des veuves ». À l'annonce de ce sinistre nom, toutes les femmes présentes, moi y comprise, se regardent en silence pendant quelques instants, se comprenant sans vouloir comprendre, sans dire un mot. À ce moment précis, le déclic se fait aussi dans ma tête abrutie de privations, de fatigue, d'épuisement. Un frisson d'horreur parcourt mon corps : ainsi deux ans et demi après le départ de Seng, j'apprends officiellement qu'il a été massacré depuis belle lurette ! Comment nos bourreaux peuvent-ils être à ce point pervers, cruels, pour nous imposer une telle torture morale ? Pourquoi ne nous disent-ils pas franchement le sort réservé à nos maris ? Pourquoi ont-ils besoin de jouer au chat et à la souris ? Comble de l'hypocrisie, étant donné qu'il nous est interdit de réagir de quelque façon que ce soit, il nous faut applaudir à la fin du discours pour approuver ce que Ta Soy vient de nous annoncer !

Nous regagnons silencieusement notre campement la mort dans l'âme, et essayons de nous comporter comme s'il ne s'était rien passé. Le faible espoir que je nourrissais jusqu'alors de revoir Seng vivant est définitivement balayé. À mon épuisement physique s'ajoute maintenant un épuisement moral indescriptible, mais il nous est strictement interdit d'abandonner notre travail car nous serions immédiatement accusées de sabotage, d'être des malades imaginaires ou des bouches inutiles. Aussi, dès le lendemain, et les jours qui suivront, je retourne sur le chantier pour terminer la part de corvée quotidienne qui m'est impartie.

La « digue des veuves » doit mesurer deux kilomètres de long, trois mètres de large et quatre mètres de haut. La terre à creuser est argileuse, il faut la retourner, puis la déblayer en la transportant jusqu'à l'emplacement choisi pour la digue, à l'aide de deux corbeilles en osier attachées à une palanche, que l'on pose en équilibre sur nos épaules. Au début des travaux, nous déchargeons notre cargaison à un niveau zéro, sans avoir à grimper, mais au fur et à mesure de l'avancement du chantier, il nous faut escalader deux mètres, puis trois, puis quatre pour vider nos corbeilles de terre, chacune pesant environ dix kilos. Après quelques allers et retours, la petite colline me paraît être une montagne, d'autant que mes jambes me portent à peine !

Je compte chaque jour qui passe, je ne crois bien sûr plus au paradis promis par Angkar depuis sa victoire sur les Khmers impérialistes, mais j'espère juste du secours extérieur ! Tant d'interrogations hantent mon esprit… Est-ce que, quelque part dans le monde, quelqu'un est au courant de ce que nous vivons ? Est-ce que l'on sait ce que nous endurons ? Hormis les alliés complices de nos bourreaux, la France fait-elle quelque chose pour retrouver ses ressortissants bloqués dans la tourmente ? Sait-elle où je suis ? Y a-t-il d'autres Français dans cet enfer ?

Épuisée au bout d'une semaine de ce traitement, je tombe à nouveau malade. Je n'ai plus la force de soulever la pioche, et encore moins de m'accroupir pour poser la palanche sur mes épaules. Mais ce « sans cœur » de Ta Soy ne veut rien savoir. Il ne cesse de me harceler, prétendant que je simule la faiblesse pour retourner au village, et me laisse continuer mon labeur. Je me traîne sur le chantier où j'arrive à peine à charrier quatre à six paniers de terre le matin. Je suis tellement à bout qu'un jour, au lieu d'aller travailler, je prends le risque de faire une escapade au village dans l'espoir de trouver un peu de son de riz à l'usine, et du sel, lequel manque cruellement à O'Leap. Mon absence serait passée inaperçue si le cuisinier Khmer rouge que j'ai croisé à l'entrée du village ne m'avait pas dénoncée. À mon retour dans l'après-midi, Ta Soy me sermonne sévèrement et me menace d'un aller sans retour vers l'ouest tout en me traitant d'impérialiste indécrottable. À la réunion d'autocritique du soir, je suis obligée de reconnaître mes torts devant toutes les autres femmes et de promettre que je ne recommencerai plus : « Camarades, aujourd'hui j'ai commis une grave faute vis-à-vis d'Angkar, je n'ai pas travaillé. Au lieu de travailler j'ai volé du son de riz et du sel à Loti. Je sais que ce n'est pas bien, que c'est à l'encontre des commandements d'Angkar, mais je promets que je ne recommencerai plus et que si je récidive vous pourrez me punir… » C'est complètement faux, car ce son de riz et ce sel, je les ai mendiés et non volés, mais la technique le veut ainsi : si on a fauté, on a tout intérêt à faire immédiatement son *mea culpa* en public, à avouer des délits qu'on n'a pas commis sans jamais préciser que la faim est le mobile de notre acte. Ainsi l'on peut échapper au pire.

Après cet incident, plus question donc de mendier au village. Aussi, je profite de la demi-heure de pause pour aller glaner des épis de paddy dans des rizières situées à quelques kilomètres du chantier de la digue. Chaque fois, j'en ramasse deux à trois poignées que je mets soigneusement de côté. Lorsque j'obtiens un bol plein, je le pile en faisant un trou dans le sol. Un bol de paddy donne parfois, après tri, à peu près trois poignées de riz, c'est mieux que rien. Pour le cuire en cachette sans casserole, j'emballe les graines dans une serviette bien mouillée que j'enterre dans le sol, à quelques centimètres, et je fais un feu avec des branchages juste au-dessus du trou recouvert de terre.

À force d'être sous-alimentée et de travailler sous un soleil éblouissant qui cogne de 7 heures du matin à 5 heures de l'après-midi, je finis par souffrir pendant plusieurs semaines d'héméralopie (troubles de la vision nocturne) – que les Cambodgiens appellent « maladie de la poule ». Le soir, dès le coucher du soleil, je deviens aveugle. J'ai une sorte de voile tout blanc devant les yeux, qui disparaît au matin, avec le retour du soleil.

Nous sommes en période de pleine lune, et pour faire avancer plus vite la construction de la fameuse « digue des veuves », Ta Soy nous fait travailler de nuit. Avec mes troubles visuels je suis dans l'incapacité de me rendre sur le chantier, mais il prétend que je continue à simuler pour me soustraire à mes obligations. Au bout de deux jours, pour en avoir le cœur net, il demande à un des *yautheas* de faire un test. Ce dernier vient vers moi sans s'annoncer et fait mine de me donner des coups de poing en pleine figure, mais au moment où son poing arrive devant mon visage je ne bronche pas, ni ne cligne des yeux (ce sont les autres femmes qui me l'ont raconté, car je n'ai rien vu). Ils sont enfin convaincus que je suis vraiment souffrante et me dispensent du travail de nuit.

Un jour que Ta Soy fait tuer un cochon pour les travailleurs du camp, la femme du cuisinier « cafteur », au courant de mes problèmes de vue et ayant pitié de moi, me donne en cachette un morceau de foie en me recommandant de le manger en sept fois (7 est le chiffre porte-bonheur des bouddhistes croyants). Je suis son conseil, fais griller le précieux morceau de foie et le découpe en sept petits morceaux que je savoure. Trois jours après, ma vue redevient normale. J'en ai déduit des années plus tard que ces troubles provenaient certainement d'une carence en vitamine A, que j'ai comblée en mangeant du foie.

Les jours, les nuits passent et notre chef estime que les travaux n'avancent pas assez vite. Il décide alors d'attribuer d'office à chacun le déblayage de quatre mètres cubes de terre par jour. En cas de trop grande faiblesse, on peut s'associer à quelqu'un, mais les déblais sont alors doublés !

Celles qui finissent avant l'heure – c'est-à-dire les personnes encore à peu près bien portantes – sont libérées. Elles en profitent pour aller chercher un peu de nourriture, pêcher, ramasser des épis de paddy ou cueillir du liseron d'eau. En raison de mon état, je dois faire équipe avec une fille dont l'état physique est à peu près similaire au mien, et nous finissons péniblement, tardivement, le volume de travail qui nous est imparti. Résultat, pas de poisson ni de paddy, rien que la hantise de voir diminuer notre précieuse ration de potage. À ce stade, je ne peux plus maigrir, n'ayant que la peau sur les os. Je me sens complètement vidée et je commence à ressentir une oppression et une douleur lancinante dans la poitrine.

Pendant mon séjour à O'Leap, je partage la tente d'une Chinoise nommée Hong. Jusqu'alors elle a pu cacher aux Khmers rouges son véritable métier (elle était infirmière à l'hôpital chinois de Phnom Penh), et a réussi à conserver sur elle des aiguilles d'acupuncture qui nous rendent de merveilleux services lorsque nous avons une migraine, une rage de dents ou une colique. Ses aiguilles font des miracles, même si une fois, en essayant de soulager le mal de crâne d'une compatriote, elle la pique à côté, manquant l'envoyer dans l'autre monde…

De mi-février à début avril, nous, les veuves du *sangkat* de Phnom Leap, n'avons construit qu'à peu près un kilomètre et demi de la « digue des veuves ». Tout à coup, pour je ne sais quelles obscures raisons, on nous fait lever le camp, et nous sommes expédiées dans un village nommé Lahal Souy, à six kilomètres au sud, où poussent à perte de vue des herbes de deux mètres de haut. Nous y plantons notre nouveau campement.

Le niveau du terrain est plus bas que celui de O'Leap, et pourtant nous recevons l'ordre d'y élever une digue de six mètres, plus haute donc que la précédente. Le début de la construction est extrêmement laborieux. Il faut d'abord désherber, le sol est dur, le soleil cogne, l'estomac toujours vide crie famine, et les premières averses entraînent avec elles la terre accumulée sur le tracé de la digue. Après chaque pluie, il faut recommencer le travail de la veille. Quant à notre régime alimentaire, il ne s'améliore pas.

Je suis désespérée, tous les matins, en ouvrant les yeux et en pensant à la corvée qui m'attend. Je prie le Bon Dieu d'intervenir pour que cette souffrance cesse, mais on dirait qu'il est trop occupé ailleurs et qu'il ne m'entend pas.

Ma seule consolation, dans ce coin perdu du bout du monde, ce sont les liserons d'eau et les souris des champs. Par endroits, les liserons poussent sur des kilomètres. Très recherchés car rassasiants, ils détraquent les intestins lorsqu'ils sont consommés sans rien d'autre et en grande quantité.

Un jour où exceptionnellement j'ai fini de déblayer mes mètres cubes de terre avant 17 heures, je pars donc à la cueillette. Dans le champ voisin, cinquante mètres plus loin, une jeune Cambodgienne ramasse, comme moi, des liserons qu'elle met dans une gamelle en métal. Soudain, le ciel se couvre de gros nuages noirs, puis un orage violent éclate. Mais toutes deux nous continuons notre récolte, malgré la pluie torrentielle. Je grelotte de froid et de peur, cependant la faim l'emporte sur la raison. Tout à coup, un bruit assourdissant retentit au-dessus de ma tête, une lumière aveuglante fond sur le champ assombri par l'orage. Paniquée, je me retourne pour chercher la fille du regard, et ne vois plus qu'une forme noire, recroquevillée, inerte. Elle est morte, frappée par la foudre. Horrifiée, je m'enfuis en courant pour chercher de l'aide. Mais au camp une autre mauvaise surprise m'attend : la moitié de notre abri est par terre, et nos affaires mouillées éparpillées tout autour. Cette tragédie m'a tellement marquée qu'aujourd'hui encore je ne supporte pas les orages violents accompagnés d'éclairs et de coups de tonnerre.

Quant aux rats et aux souris des champs, le second trésor de ces lieux, ils grouillent partout. Il s'agit simplement de reconnaître leurs trous. Quand on en a repéré un, il suffit de creuser sur une profondeur de vingt à trente centimètres, et on tombe sur toute la nichée. Pour les affamées que nous sommes, ces petits animaux constituent un plat de luxe qui s'échange parfois à prix d'or.

Près de notre chantier, outre des rats, on trouve aussi de gros escargots noirs, des petits crabes et, dans les nappes d'eau stagnante, une multitude de moules, dont le ramassage est toutefois compliqué par la présence des terribles sangsues… Accroupies dans l'eau jusqu'au cou pour fouiller dans la boue où se terrent les moules, on a intérêt à bien attacher le bas des pantalons, la chemise à la taille, les manches, le col si l'on veut empêcher ces sales bestioles de s'accrocher à notre corps. Malgré ces précautions, je ressors un jour des marais avec quatre grosses et affreuses sangsues enroulées autour de mon cou, et je décide de me passer de moules…

Tourmentée, torturée par la faim – oui, j'appelle cela une torture douce, une mise à mort à petit feu, car qui aurait jamais imaginé que des hommes tels que ces Khmers rouges puissent être pervertis au point de nous regarder mourir de faim sans lever le petit doigt ? –, je n'ai plus aucun amour-propre et vais régulièrement mendier auprès de la cuisinière un morceau de riz cramé au fond de la casserole, ou un peu d'eau de riz qu'elle vide au moment de l'ébullition et qu'elle réserve normalement aux cochons d'Angkar. La plupart du temps, je me fais rabrouer, traiter de tous les noms, mais qu'importe, la faim me rend insensible... et la seule vue de l'eau de riz me fait saliver. À ce stade, l'être humain n'a plus aucune dignité. Quelle fierté me reste-t-il lorsque je vais jusqu'à disputer la nourriture des animaux avec les animaux ?

Je n'ai pas revu Jean-Jacques, toujours affecté à Krasang-ot-Krop, ni mon petit-neveu resté au village depuis qu'Angkar m'a envoyée sur les chantiers des digues. En avril 1978, je passe les « fêtes » du Chhaul Chhnam sans enfants, dans le camp de Lahal Souy. Trois jours « fériés », pendant lesquels nous ne travaillons pas, mais où il faut tout de même se lever aux aurores pour se rendre aux fameuses réunions de lavage de cerveau. Physiquement, c'est le repos, mais Angkar veut nous réarmer moralement. Il faut une formation morale continue...

Le premier matin, à 6 heures, nous sommes convoquées sur un terrain vague où sont dressés un autel et un cercueil symboliques. Un couple de jeunes Khmers rouges, tout de noir vêtus, encadre le cercueil, face au drapeau du Kampuchéa libéré en berne. Nous nous asseyons en rangs par terre. Les officiels arrivent à 7 heures, ainsi que les responsables de tous les camps de travail situés alentour. Le *canak dambaung* préside la cérémonie : salut du drapeau, avec diffusion à la radio de l'hymne national suivi d'un fort long et ennuyeux discours prononcé depuis Phnom Penh par je ne sais qui et auquel je ne comprends rien car mon esprit vagabonde à mille lieues de là. Ils peuvent nous retenir prisonniers physiquement, mais pas enfermer notre esprit.

Ensuite, le *canak dambaung* prend la parole. Il nous rabâche les consignes que nous connaissons par cœur avant de changer brusquement de sujet : il nous parle de batailles livrées aux Vietnamiens... des batailles, quelles batailles ? À ces mots, je sursaute et émerge de mon rêve avec un faible sentiment d'espoir : « Et si c'étaient les sauveteurs attendus depuis trois ans ? Notre calvaire serait-il en train de prendre fin ? » Le *canak dambaung* continue son discours et se met en devoir de nous décrire les ennemis, les Vietnamiens appelés *Viêt-cong* :

ils ont les dents noires et sont cannibales, ils mangent leurs victimes ! Je ne suis pas dupe de ces paroles alarmistes car je connais les Vietnamiens, mais nous faisons toutes semblant d'approuver et le remercions de nous mettre ainsi en garde. Nous sommes libérées à la fin de son sermon, il doit être environ 11 heures.

Les deux jours suivants, nous avons droit au même cérémonial. Plus tard dans l'après-midi du troisième jour, Ta Soy nous réunit pour nous recommander de ne pas trop nous éloigner de notre camp, car, prétend-il, les cannibales *Viêt-cong* sont dans les parages. Puis il nous interroge pour savoir si nous avons bien compris le discours de Phnom Penh et si nous avons des idées à émettre à ce sujet. Silence total. Soit personne n'ose parler, et on a parfaitement raison, soit personne, tout comme moi, n'a enregistré un traître mot. Du coup la séance est rapidement levée et nous pouvons partir chacun de notre côté à la recherche de nourriture, notre obsession quotidienne.

Même si pendant ces trois jours nous avons été un peu plus gâtés : un cochon et un bœuf ont été tués pour une centaine de personnes, on nous a distribué du sucre de palme et servi un dessert sucré à base de riz gluant et de manioc. Supplément inattendu, hélas ponctuel, car après les trois jours de fête, le train-train reprend et il faut à nouveau se serrer la ceinture. Réunions de lavage de cerveau, dites d'éducation, et séances d'autocritique foisonnent de plus belle. Nous avons le droit de critiquer notre prochain, y compris, désormais, le président du *sahakâr* ou le chef du village.

Quelle pagaille, je commence à me demander ce que cachent ces menaces incohérentes, ce qui se passe réellement à Phnom Penh et dans le reste du pays… Le miracle serait-il en train de s'accomplir ? Le Bon Dieu aurait-il enfin entendu mon appel ? Depuis bientôt trois ans et demi, mon corps usé par les travaux pénibles, les privations et les maladies, souffre tellement qu'à chaque remaniement, à chaque réunion, mon esprit ne peut s'empêcher d'espérer que quelqu'un finira par venir à notre secours, nous délivrera de l'enfer, et que notre martyre cessera… à moins que l'on ne trépasse avant. La mort serait une libération.

La digue de Lahal Souy n'arrive pas non plus à prendre de la hauteur. Un beau matin de mai 1978, nous voyons arriver, merveilles venues d'un autre monde, trois tracteurs qui, en trois jours, expédient le boulot que nous aurions mis des mois à finir. Nous, les veuves, sommes alors renvoyées à O'Leap pour des travaux de repiquage et de construction de petites digues séparant les rizières. Des jeunes gens encore à peu près robustes prennent la relève à Lahal Souy.

Pour le déracinement et le repiquage, nous sommes réparties par équipes de dix. Mais pour la construction des diguettes de trente centimètres de haut et vingt de large qui délimitent les rizières, nous sommes contraintes de bâtir dix mètres par jour et par personne. Le travail se révèle vite harassant, et nous avons besoin de manger plus, mais la ration a de nouveau diminué.

Heureux hasard, les cuisiniers sont nouveaux à O'Leap, ils ne nous connaissent pas. Pour calmer un peu notre faim, avec mon amie Hong (l'infirmière), nous nous faisons passer pour belles-sœurs. Au moment de la distribution du potage, je vais d'abord chercher ma part et la sienne (celle de ma soi-disant parente), puis elle va chercher la sienne. Nous recevons ainsi trois rations pour deux, c'est toujours ça de pris.

Le subterfuge ne dure hélas pas longtemps. L'équipe dirigeante, qui semble balayée par un vent de panique, est de nouveau remaniée. Ta Soy confie la direction du camp à Ta Ling, le chef du village, lequel forme des équipes de vingt personnes avec à la tête de chacune un chef responsable de tout, y compris de la distribution de nourriture. Ce dernier est censé connaître, et donc reconnaître, ses vingt subordonnés, aussi bien au travail qu'à l'heure des repas... La triche n'est plus possible. Dans notre camp sont ainsi créées quatre équipes de femmes et une équipe d'hommes.

Juin 1978, je refais de l'œdème, mes jambes sont à nouveau enflées. Charrier plusieurs mètres cubes de terre par jour devient un calvaire abominable. J'ai à peine la force de poser un pied devant l'autre, mais je m'efforce de traîner péniblement ma carcasse sur le chantier sous peine d'être privée de vivres.

Puis de façon tout à fait imprévue et inexpliquée, mon misérable sort est adouci par une nouvelle réglementation : les regroupements familiaux sont maintenant acceptés... Mon fils a appris de bouche à oreille que je travaillais durement et péniblement à la construction des diguettes. Il a donc sollicité de son chef d'équipe l'autorisation de changer de camp de travail pour être près de moi. On la lui a accordée, et il vient donc me rejoindre dans ma galère. Sa présence s'avère être un grand soulagement, son aide est la bienvenue. À ce moment, je me rends compte, tout émue et soulagée, qu'Angkar n'a pas réussi à détruire totalement les liens affectifs entre les parents et leurs enfants – en ce qui nous concerne, en tout cas – car en dépit de la faim et du labeur qu'il doit supporter comme un adulte, Jean-Jacques n'hésite pas à me donner un coup de main dès qu'il le peut. Lui aussi fait semblant de gober ce qu'on lui inculque pour rester en vie.

Peu de temps après, mon petit neveu Ha revient à son tour à O'Leap. Je le découvre squelettique, le corps couvert de bleus. Il me raconte qu'il a volé du manioc avec des garçons de son âge – tout juste entre huit et neuf ans – et qu'ils ont été surpris en pleine action et sévèrement corrigés. Craignant le pire, j'essaie de le raisonner pour qu'il ne recommence pas, mais mes conseils n'y font rien. Un matin, à l'aube, il disparaît, un sac de tissu à la main, avec deux petits Chinois. Les trois enfants reviennent le soir, chargés de victuailles : épis de maïs, *prahoc*, poissons séchés et même des œufs frais. Très inquiète, j'interroge Ha pour savoir d'où proviennent toutes ces victuailles. « De chez Mme Chem, à Phnom Leap », me répond-il. Je lui ordonne fermement de ne plus y retourner, lui expliquant que c'est très dangereux et qu'il risque sa vie. Mais je ne suis que sa tante, et n'ayant plus aucune autorité sur lui, il ne m'obéit pas. Les jours suivants il renouvelle ses escapades et ses larcins, et finit par ne plus jamais rejoindre son groupe, chargé de ramasser la bouse des vaches. Et un soir, il ne rentre pas.

Le lendemain, alors que nous sommes en plein travail, Ta Ling arrive dans notre camp et s'adresse à nous : « Camarades, hier les *yautheas* ont tué trois garçons qui volaient chez Mme Chem. Il s'agissait d'éléments perturbateurs irrécupérables, donc pas de regrets à avoir. Ces enfants méritaient la mort. » Et sans même demander qui sont les parents des enfants massacrés – car il le savait –, il fait demi-tour et s'en va, comme si de rien n'était.

La maman des deux autres garçons et moi-même nous nous contentons de nous regarder, désespérées, mais sans pouvoir dire quoi que ce soit. Nous savons bien qu'il s'agit de nos enfants, mais personne n'ose ouvrir la bouche ni verser une seule larme. La disparition de Ha m'affecte énormément, mais je ne peux rien exprimer. Je regrette seulement qu'il ne m'ait pas écoutée. Je n'avais plus aucun pouvoir sur lui, car, depuis trois ans, nos enfants ne sont plus nos enfants. Les Khmers rouges en ont fait des robots tout juste capables de chanter l'hymne national, de flatter et d'obéir à Angkar. Ils leur ont mis en tête que nous, leurs parents, sommes des corrompus, pourris et irrécupérables... Pauvres petits, voilà maintenant ce qui leur arrive. La faim les a poussés au suicide.

La réorganisation continue. Réforme annonciatrice de la fin de notre calvaire ? Espoir insensé ! Les camps récemment créés pour la construction de nouvelles digues sont dissous et les constructeurs de digues réexpédiés dans leur « village d'origine ». Le travail s'organise au village par équipe, selon un schéma bien défini :

— Équipe Force 1 : pour les personnes encore en bonne santé. Deux réfugiés convertis, Ta Vong et Ta Chea, en sont président et vice-président.

— Équipe Force 2 : regroupe toutes les personnes de force moyenne, pas malades mais pas trop vaillantes non plus… Ta Sok (de Kambaul) et Ta Im (de Phnom Leap) en sont à la tête.

— Équipe Force 3 : tous les malades et morts-vivants. Avec pour responsables Ta Doeung (également de Kambaul) et Ta Cheng (ancien chef d'un village voisin).

Je me retrouve bien entendu dans la dernière équipe. Sur les trois équipes, seule la première, constituée d'une vingtaine de personnes, peut s'occuper du labourage des rizières. Ce travail est effectué en temps normal par des bœufs ou des buffles, mais le bétail se fait rare. Les deux autres équipes sont responsables du déracinement des plants de paddy et du repiquage.

Je me déplace encore tant bien que mal de ma paillote à Loti jusqu'aux champs. Mais je sens que ce n'est plus pour longtemps. Je ne possède toujours aucune information sur la situation du pays. Alors malgré les changements de lieu ou d'équipe de travail, ma vie se poursuit de façon monotone et désespérante. Ma ration de riz reste invariablement identique, mais je veux vivre malgré tout, je résiste, je veux pouvoir raconter. Je prie le Bon Dieu de me laisser vivre encore un peu. Ne dit-on pas que les mauvaises herbes ont la vie dure ?

Je dois en être une, que l'espoir rend vivace.

Je continue à lutter pour me procurer chaque jour un petit complément à ma maigre pitance. À cette époque, les moissonneurs peuvent de nouveau ramasser des épis de paddy sans être punis. Que se passe-t-il ? Les *yautheas* auraient-ils reçu pour instruction de nous transformer tous en engrais ? Je glane donc, pas très rassurée, mais mon estomac est prioritaire sur ma peur.

C'est vers la fin septembre, en perdant mon imperméable jaune qui me protège des intempéries, que je manque perdre la vie pour de bon. L'épisode a lieu un jour de très mauvais temps. Depuis le matin il tombe des cordes, le fleuve qui nous entoure et sépare Loti de la terre ferme est en pleine crue. Mais nous devons travailler, car il reste encore quelques hectares de rizières à repiquer avant la fin de la saison des pluies. Rattrapée par mes crises de paludisme, fiévreuse et mal en point, je pars tout de même aux champs avec les autres femmes avant le lever du soleil, sous une pluie battante. Les jambes flageolant de faiblesse, les pieds quasiment insensibles, je glisse dans le noir sur la terre argileuse et mouillée, et tombe tous les cinquante mètres. Mon précieux imperméable me protège tant bien que mal. Nous marchons ainsi pendant environ deux heures, le jour commence à poindre lorsque nous arrivons sur place. La pluie tombe toujours, mais il faut descendre dans l'eau et nous mettre au travail sans perdre une minute, le ventre vide. En fin de matinée, un soleil chaud et rayonnant fait son apparition, mais je grelotte de fièvre. Vers 16 heures, nous avons terminé et obtenons l'autorisation de rentrer. Pour regagner le village, nous devons traverser le fameux pont, large de trente centimètres. Je suis déjà au milieu de la passerelle lorsque le fils du chef du village, un gamin de huit ans, débarque dans l'autre sens sans attendre que je finisse la traversée. Il n'y a qu'une rambarde pour se tenir, je m'y accroche de la main gauche, tandis qu'avec le bras droit je serre contre moi mon imperméable et ma gamelle remplie de liserons d'eau et de crabes ramassés dans la rizière. En me retrouvant nez à nez avec le garnement, je fais un léger écart pour le laisser passer du côté de la rambarde, mais je perds pied et tombe, d'une hauteur de cinq mètres, dans le fleuve en crue. Je ne sais pas nager ! Je coule à pic avec mon imperméable et ma gamelle. Je bois la tasse tout en me disant : « Ça y est, Denise, c'est ta dernière heure cette fois. » Puis c'est le trou noir.

Lorsque je rouvre les yeux, un réfugié de Phnom Penh me secoue la tête en bas pour me faire cracher toute l'eau que j'ai ingurgitée. Mon sauveteur m'a vue tomber, et s'est aussitôt jeté à l'eau. J'ai été emportée par le courant et il n'a pu me repêcher qu'un kilomètre plus bas. Sans lui, je serais morte.

Dès que je recouvre mes esprits, la première chose que je cherche, c'est mon imperméable... Hélas ! plus d'imperméable ! Je suis saine et sauve, mais je fonds en larmes. Entre deux sanglots, j'explique combien il m'était très précieux sous les trombes d'eau, surtout pendant mes crises de paludisme. Comment vais-je pouvoir résister à la prochaine saison des pluies ?

J'ignore encore qu'il n'y aura pas de prochaine saison des pluies, dans la jungle, avec les Khmers rouges, que les Vietnamiens ne sont pas loin, et qu'ils nous porteront bientôt secours. Je l'ignore, ou je n'ose pas y croire. Car nous en entendons parler, des Vietnamiens... Tous les soirs, au cours des réunions d'éducation, nos dirigeants, rongés par la paranoïa, nous rabâchent inlassablement : « Ne vous aventurez pas trop loin du village, vous risqueriez de les rencontrer », « Ils ont des dents noires et sont cannibales »... Les Khmers rouges deviennent de plus en plus nerveux et n'ont aucune espèce d'indulgence pour le moindre délit. L'exécution de Ha et de ses deux amis a été un premier exemple de cette cruauté sans limites. Tout est à craindre, car l'épuration des « corrompus » commencée en 1975 n'est pas terminée.

C'est vers la fin 1978 que les *nearadey* entament une nouvelle série d'exécutions sommaires qui nous inquiètent profondément. Toute personne prise en flagrant délit de vol est tuée sans autre forme de procès. Un jour, un garçon est pincé en train de déraciner quelques plants de manioc. Prévenu des faits, Ta Ling se contente de dire : « à l'ouest », et tout le monde comprend. Dans la forêt située à l'ouest, un espace est aménagé pour la sale besogne, à laquelle trois personnages participent régulièrement : Ta Sok, le responsable de la production des engrais, et Ta Doeung – tous deux fort sanguinaires –, ainsi que le troisième larron, Ta Chea, un réfugié comme nous, mais totalement converti à la cause Khmer rouge. Ces macabres individus ont le regard injecté de sang pour avoir mangé et remangé du foie humain, qu'ils prélèvent sur chaque condamné et dégustent grillé, accompagné d'alcool de riz. Ils ne se cachent pas de cette pratique, qui leur donne, paraît-il, courage et force devant l'ennemi.

Nous sommes en janvier 1979. À côté de la paillote que je partage désormais avec Jean-Jacques vit une jeune Chinoise, seule, dont les parents sont décédés peu de temps auparavant. Elle-même est malade, elle fait de l'œdème. Une nuit, poussée par la faim, elle se risque à voler du jus de palme sur un palmier à sucre. N'importe qui peut aisément grimper sur un palmier à sucre, car pour récolter le précieux liquide, une échelle en rotin est fixée en permanence à l'arbre. Sous les grappes de fruits mûrs sont attachés des tubes de bambou où s'écoule le jus[1]. La jeune fille avale donc quelques gorgées du breuvage convoité. Surprise par les *yautheas* qui font leur ronde, elle est emmenée tambour battant chez le chef du village. Celui-ci la laisse dehors toute la nuit, ligotée à un arbre. Le lendemain, tout le village

1. À partir de ce jus, on fait soit de l'alcool de palme, soit du sucre de palme.

est convoqué à une réunion dans une pagode déserte, située le long de la route, sur la terre ferme. Les responsables de plusieurs villages sont présents. Après le rappel habituel des règles de conduite d'Angkar, la fille est conduite devant l'assemblée. L'un des *yautheas* explique la faute qu'elle a commise. Puis on allonge la « coupable » par terre, le visage face au soleil. Il est midi[1], le soleil tape dur malgré un vent frais qui souffle du nord. La jeune fille est attachée par terre par les mains et par les pieds à quatre pieux. Puis, après avoir enduit son visage de sucre de palme liquide, les *yautheas* disposent autour de son corps et de sa tête des fourmilières entières de grosses fourmis rouges. Les fourmis commencent par se promener sur son corps, sur son visage, puis elles pénètrent dans les oreilles, les narines. La fille se fait piquer, mais en dépit de ses pleurs, de ses supplications, de ses promesses de ne plus recommencer, les *yautheas* restent de marbre, et nous, malheureux et impuissants, sommes contraints d'assister à cette scène sans pouvoir inter-

1. Nous n'avons plus de montre ni de calendrier depuis longtemps. Pour l'heure, c'est le soleil qui nous guide, pour les jours, la lune nous sert de repère ; chaque nouvelle lune signifie qu'un mois s'est écoulé.

venir. Un tel châtiment servira de leçon, nous disent-ils, à ceux qui seraient encore tentés de voler. Au bout d'une heure, la fille est enfin libérée. Nous devons l'aider à rentrer sur l'île, car elle ne voit plus clair et tient à peine debout. Le lendemain, je passe prendre de ses nouvelles. La pauvre ne peut plus bouger, son visage est complètement boursouflé. Elle est devenue aveugle. Si seulement nous avions des remèdes pour la soulager. Elle décédera des suites de cette torture, peu de temps après, le jour de l'arrivée des Vietnamiens, jour de notre libération. Comme le destin peut être cruel ! Dans l'affolement et la précipitation de l'évacuation, personne ne l'enterrera, son corps restera dans la paillote.

8 ou 9 janvier 1979, si mes souvenirs sont exacts. Peut-être la fin du calvaire. Avec l'étau qui me broie la poitrine depuis les chantiers de digues, j'ai de plus en plus de mal à respirer et me sens complètement épuisée, au point de ne plus pouvoir porter un seau d'eau pour arroser mon potager. S'il ne se passe rien, je serai bientôt dans l'autre monde. À l'extrême limite de mes forces, je finis par rester presque tout le temps alitée et, étrangement, personne ne vient m'en empêcher.

Un matin, comme mes jambes sont de nouveau enflées, je me traîne jusque chez Mme Khom, la femme du président du *sahakâr,* pour quémander un peu de sucre de palme. Arrivée devant sa paillote, sans savoir précisément ce qui se passe, je comprends que la situation est très grave : tous les *nearadey* du *sahakâr,* armés jusqu'aux dents, sont réunis chez Ta Soy. Leurs visages sont graves, ils semblent anxieux. Quelques femmes sont en train de coudre à la hâte des sacs à dos et des bourses en forme de boyau qu'elles remplissent de riz – ces derniers temps l'usine a dû décortiquer cinquante sacs de paddy par jour. Les hommes, assis en cercle par terre, discutent à voix basse. Personne n'a remarqué ma présence, alors je fais discrètement demi-tour et me dépêche de rentrer. Les questions se pressent dans ma tête abrutie d'épuisement. Allons-nous être bientôt libérés ? Ont-ils l'ordre de tous nous massacrer ? La réponse s'impose avec le coucher du soleil. Après avoir empilé pêle-mêle bagages, sacs de riz, de sel et de poissons séchés, hommes, femmes et enfants filent tous vers le nord, sans explication, sans un au revoir. Les connaissant, nous ne sommes guère surpris par cet oubli.

Les rats ont donc quitté le navire, nous abandonnant à notre triste sort. En moins de temps qu'il ne faut pour le dire, tout est pillé : champs de canne à sucre, magasins de riz, de sucre et de sel ; les cochons du chef du village sont tués, tout est dévalisé. Pour nous qui crevons de faim depuis quatre ans, c'est un juste retour des choses, une revanche. Je suis heureuse et soulagée de sentir que notre calvaire arrive à son terme, mais en même temps très inquiète, je me demande ce qu'il adviendra de nous. Pour le moment, mon fils et moi sommes réunis, c'est l'essentiel. Demain est un autre jour.

La route vers la liberté

Le lendemain matin, des réfugiés arrivés des camps et villages voisins nous apportent des nouvelles fraîches. Les Vietnamiens ont pris Phnom Leap, et le village a été vidé de ses habitants, ce qui explique le départ précipité de nos bourreaux.

Faut-il rester ? Partir ? Pendant vingt-quatre heures mon esprit est tiraillé par le même dilemme qu'il y a quatre ans, en avril 1974. Qu'adviendra-t-il si nous restons ? Que trouverons-nous dehors si nous quittons ces lieux maudits ? Les Cambodgiens anciens qui étaient partisans des *nearadey* et qui n'ont pas encore quitté les lieux essaient de nous retenir. « Où irez-vous ? Qui vous demande de partir ? Savez-vous que la mort vous attend au bout du chemin ? » Effectivement, nous n'avons pas beaucoup de riz, pas de moyens de transport (pas même une charrette à bœufs), et la capitale la plus proche, Siem Reap, se trouve à soixante kilomètres de Loti.

Ce qui se passe à la sortie du village, nous n'en savons rien, et même si nous n'avons plus rien à perdre et que notre vie est déjà si mal en point, nous avons peur. Des réfugiés arrivant des camps voisins nous racontent que, dans certains villages, les *nearadey* égorgent les uns, massacrent les autres à coups de hache, pour ne laisser aucun témoin derrière eux. Je me souviens que sous prétexte de faire un réservoir d'eau pour irriguer les rizières, les chefs de Loti nous avaient fait creuser une grande fosse pour soi-disant recueillir l'eau de pluie. En réalité, nous avions creusé notre propre tombe. Et, le moment venu, ils nous auraient tous massacrés et jetés dans la fosse commune ! Je frissonne encore d'horreur en y repensant aujourd'hui. Heureusement dans notre village, ils n'ont pas eu le temps d'accomplir leur monstrueuse besogne avant de s'enfuir. Mais ailleurs ?

En me voyant prête à décamper, Ta Chea, le traître phnompenhois, tente encore de me dissuader : « Toi, *yé ponso*, tu décéderas en route, reste là et attends qu'on vienne te secourir. » Mais je n'ai plus confiance en lui. Je m'en vais comme on se suicide, de toute façon, quoi que je fasse, je crèverai, je n'ai pas le choix. À mourir pour mourir, je préfère que mes vieux os soient ensevelis ailleurs que dans cette maudite forêt.

Je ne quitte le village que trois jours plus tard. Trois jours pendant lesquels, livrés à nous-mêmes, nous n'hésitons pas à faire main basse sur le manioc dans les champs, sur les légumes du potager commun, bref, sur tout ce que, dans la précipitation de leur départ, nos bourreaux ont laissé. Il reste aussi deux bœufs que les quelques hommes ayant échappé à la purge et les jeunes garçons tuent et se partagent. Deux jours plus tard, quel bonheur quand Jean-Jacques rentre le soir les bras chargés de morceaux de bonne viande rouge et fraîche que nous n'avons plus vue depuis une éternité. Je suis malade et très affaiblie, certes, mais je suis heureuse, mon fils est encore là, avec moi, squelettique mais il a survécu et maintenant nous sommes en train de manger du riz bien chaud et bien solide avec de la bonne viande de bœuf, salée et grillée à souhait. Encore un mauvais rêve ? Je me pince pour en avoir le cœur net. Dire qu'une semaine plus tôt nous nous partagions un poisson gros comme le pouce, en nous disputant la tête parce qu'elle contient plus de gras… Le Bon Dieu a donc entendu mes prières, Il ne nous a pas abandonnés.

Cependant mon organisme affaibli n'arrive pas à assimiler cette abondance soudaine, qui, au lieu de me redonner des forces, déclenche une diarrhée. J'ai perdu l'habitude d'assimiler des aliments solides, et mon corps ne peut garder ce que je mange, et il en sera ainsi encore plusieurs mois après la libération.

Le bœuf est préparé sous toutes les formes : grillé, bouilli, en soupe avec des courgettes et du manioc, j'en fais même saler et sécher un petit kilo pour la route, la route vers la liberté, au cas où. On ne sait toujours pas ce qui nous attend après Loti. Pour nous rassurer, je ne peux que dire à Jean-Jacques : « De toute façon, cela ne peut pas être pire… »

Le départ du village représente une nouvelle épreuve pour mon corps décharné et usé. Je tiens à peine debout et ne me déplace plus qu'en me traînant sur mon arrière-train. Heureusement j'ai mon fils, ce petit homme de quatorze ans et demi. La sous-alimentation qui lui est imposée depuis l'âge de dix ans l'a empêché de bien grandir, il m'arrive à peine à l'épaule. Mais dans sa tête il est déjà très mûr et il m'aide du mieux qu'il peut. C'est lui qui porte toutes les affaires qui nous restent, essentiellement de la nourriture et de l'eau, sur ses frêles épaules, à l'aide d'une palanche. Il est aussi décharné que moi, mais il tient le coup et ne se plaint pas, il a un moral d'acier. À ce moment, je me rends compte que Jean-Jacques a eu la chance de n'avoir pas contracté de maladies graves telles que le paludisme, il fait « simplement » de l'œdème nutritionnel.

Nous mettons plus de deux heures à atteindre la route principale, à trois kilomètres de Loti. Mais le plus dur reste à faire : la traversée du fleuve. Arrivée devant le pont en bois, je revois ma chute vertigineuse et suis prise de panique. Impossible d'avancer. Jean-Jacques, déjà de l'autre côté, me supplie en pleurant de faire un dernier effort. Je prends alors mon courage à deux mains et, sans regarder vers le bas, entame la traversée à quatre pattes, en priant le ciel de me donner la force d'aller jusqu'au bout. Il nous reste encore deux kilomètres de marche jusqu'à la route principale.

Une fois sur la route, nous hésitons, complètement désorientés. Dans quelle direction devons-nous aller ? Droite ? Gauche ? Est ? Ouest ? Depuis trois ans et demi que nous sommes enfermés « en liberté » à Loti, nous avons perdu tout sens de l'orientation, d'autant plus que dans ma vie antérieure de « corrompue » je n'avais jamais entendu parler de Loti et de ces lieux marécageux. Pendant toutes ces années de captivité, nous sommes allés aux champs en troupeaux, sans jamais chercher à savoir où nous nous trouvions par rapport à la première grande ville du pays.

Aussi, comme le soleil commence à décliner, et que le jour ne va pas tarder à tomber, nous décidons de passer la nuit sur place. Jean-Jacques va chercher un peu de bois mort, trois grosses pierres pour le fourneau, trouve de l'eau croupie dans une rizière pour faire cuire le riz et griller quelques morceaux de viande séchée. Nous ne sommes pas seuls ; d'autres réfugiés, arrivés le matin avant nous, campent de même le long de la route, eux non plus ne savent pas où aller. Heureusement que le temps est agréable. En janvier, c'est la bonne saison, les soirées sont un peu fraîches, mais les journées bien ensoleillées. Après le dîner,

Jean-Jacques plante quatre pieux pour attacher la moustiquaire, puis, sur une natte déroulée à même le sol, nous nous endormons vite, enfin sereins à la seule pensée d'être débarrassés de nos bourreaux. Cette fois-ci, nous sommes vraiment libres.

Le lendemain matin, premier réveil sans cloche, quel bonheur ! Mais aussi quelle tristesse et quelle désolation à la vue du spectacle. Sur la route passent des charrettes péniblement tirées par des bœufs décharnés, remplies de femmes, d'enfants et de vieillards aussi squelettiques que nous. On dirait une horde de zombis revenant dans le monde des vivants. L'une d'elles a encore de la place et accepte de nous prendre, mon fils et moi. Toutefois, avant de monter, je demande quand même au conducteur, qui a l'air d'être le chef du groupe, où il va : « À Phnom Leap. » C'est un lieu que nous connaissons, donc pas d'hésitation, nous les suivons. Nous passons notre deuxième nuit d'exode vers la vraie liberté à Phnom Leap. Le jour suivant, nous continuons la route à pied avec les autres réfugiés jusqu'à Ta Phon, situé à quelques kilomètres de Phnom Leap. Je rampe plus que je ne marche, nous n'arrivons qu'après le coucher du soleil. Nous passons une troisième nuit dehors.

Dès l'aube, les charrettes repartent cahin-caha avec leurs cargaisons de vieillards et de malades, tandis que des camions militaires vietnamiens venant en sens inverse de Siem Reap emmènent leurs troupes armées vers le front où les combats ne sont pas terminés.

À ce moment, un soldat vietnamien appelé « *bô-dôi* » descend d'un des camions et se dirige vers notre campement provisoire pour nous donner quelques recommandations en vietnamien. Tous les réfugiés s'agglutinent autour de lui pour avoir des informations. Je n'ai plus entendu parler vietnamien, ma langue maternelle, depuis une éternité, et j'ai un peu de mal à le comprendre, car il parle avec l'accent du Nord auquel je ne suis pas habituée. Je saisis tout de même l'essentiel : « Siem Reap est encore loin d'ici, n'y allez pas à pied, vous n'y arriverez pas dans votre état. Attendez ici, les camions déposent les soldats plus loin, au retour ils vous prendront… »

Rassurés et soulagés, nous ne bougeons plus. Effectivement, vingt-quatre heures plus tard, nous voyons revenir les mêmes camions, vides, qui chargent tous les morts-vivants que nous sommes devenus. Contrairement à ce que les Khmers rouges ont essayé de nous faire croire, les soldats vietnamiens « cannibales » sont humains et pacifiques à notre égard. Ils n'ont pas les dents noires et n'ont pas l'air d'avoir envie de nous manger. Au contraire, la pitié peut se lire dans leurs regards. Je leur fais totalement confiance. Malgré la courte distance qui nous sépare de Siem Reap (environ soixante kilomètres), nous mettons un peu plus d'une heure pour arriver, car la route, négligée depuis des lustres, est semée de nids-de-poule. Mais peu importe la durée du voyage, car, cette fois, nous connaissons notre destination et ne sommes pas transportés comme du bétail. Nos sauveteurs nous installent du mieux qu'ils peuvent, les personnes affaiblies sont allongées sur des tentes militaires. Les soldats « cannibales » nous traitent comme des êtres humains.

Les camions nous débarquent à Siem Reap, sur une place bordée de manguiers et de flamboyants. Je redécouvre cette ville si touristique jadis où j'ai vécu pendant un mois, quinze ans auparavant, lorsque mon mari avait travaillé avec la Columbia Films venue tourner le film *Lord Jim* [1]. Seng était régisseur et donc responsable de la cantine de toute l'équipe. Alors enceinte de Jean-Jacques, et encore sans travail, je l'avais accompagné.

Un temps lointain... La ville qui s'offre aujourd'hui à moi se révèle être bien différente, méconnaissable. Les maisons, inoccupées depuis quatre ans, sont délabrées. Il n'y a pas de voitures à l'exception des va-et-vient incessants des camions militaires vietnamiens. Les rues grouillent de réfugiés qui poussent devant eux cahin-caha des charrettes remplies de tout ce qu'ils ont pu ramasser dans les maisons abandonnées : sacs de riz, bouteilles de sauce de poisson, boîtes de conserve, et aussi tout ce que les monstres ont abandonné dans leur fuite.

Il nous faut un bon moment pour sortir du cauchemar et réaliser que nous sommes encore vivants et libres, que les Khmers rouges ne sont plus là et que nous revenons à une vie normale... ou presque. Ces utopistes sauvages ont tout détruit. Plus d'écoles, plus d'hôpitaux, plus d'argent, plus de commerces, tout est à reconstruire.

1. Film qui n'a jamais été projeté à cause de la censure.

Comment une telle folie est-elle concevable ? Et dire que ces malades ont été conseillés et assistés dans leur délire meurtrier par le « grand frère communiste » ! Et que pendant toute cette période, la communauté internationale n'a pas levé le petit doigt pour arrêter le massacre ! Pourquoi ? Comment les Khmers rouges ont-ils fait pour garder si longtemps le pays hermétique à toute intervention extérieure ? Comment s'y sont-ils pris pour faire croire au monde entier que tout allait bien dans le pays et que ses habitants vivaient heureux dans un paradis ?

Après avoir surmonté toutes ces épreuves, je n'hésite pas à clamer haut et fort que si les Vietnamiens n'étaient pas arrivés à temps, je ne serais plus de ce monde pour raconter l'horreur que j'ai vue et vécue. Je ne cherche pas à les flatter, je voudrais simplement remercier ces soldats qui nous ont sortis des griffes de ce régime meurtrier, et sauvés d'une mort certaine, les quelques millions de Cambodgiens encore vivants.

Encore ivre de cette toute nouvelle vie et ne sachant pas où passer la nuit, nous errons péniblement dans les rues de Siem Reap pour trouver un endroit où poser notre natte, Jean-Jacques trottant toujours devant avec nos maigres baluchons sur ses frêles épaules. En tournant dans une rue, je rencontre Hong, cette amie chinoise, avec qui je faisais équipe pour la construction de la « digue des veuves ». Son mari avait été massacré à l'arrivée des *nearadey*. Arrivée la veille avec ses deux enfants, un garçon de sept ans et une petite fille de cinq ans et demi, elle a réussi à dénicher un endroit pour dormir sous une maison sur pilotis, où elle me propose de la rejoindre avec mon fils. Il n'y a encore rien sur le plan de l'autorité administrative, pas de cadastre pour gérer les biens immobiliers, pas de police pour le contrôle d'identité ; les réfugiés squattent les endroits qu'ils trouvent parfois en se faisant passer pour les maîtres des lieux. Nous sommes tous livrés à nous-mêmes pendant que les soldats vietnamiens sont, de leur côté, débordés par l'arrivée continuelle et massive de milliers de réfugiés tous plus mal en point les uns que les autres.

J'installe Jean-Jacques dans un coin sous la maison, et pars à la recherche d'un peu de nourriture, car nous n'avons déjà plus rien à nous mettre sous la dent. Il est midi, le ciel est bleu et le soleil brille avec un petit vent frais soufflant du nord. J'ai faim et soif, mes jambes me portent tout juste et j'erre comme une âme en peine dans cette ville aux rues encombrées de charrettes et de rescapés squelettiques. Je ramasse au pied des tamariniers les fruits verts qui en sont tombés[1].

Au détour d'une rue, je croise un soldat vietnamien portant une grande sacoche en bandoulière et armé d'un revolver. Après avoir décliné mon identité, mes origines, et fait un bref résumé de mes quatre années de galère, je lui explique qu'il me faut absolument retourner à Phnom Penh pour demander aux autorités françaises de m'aider[2]. Le *bô-dôi* vietnamien, qui est en fait médecin-officier, me regarde de la tête aux pieds avec commisération : « Le plus urgent pour l'instant, c'est de vous soigner ici. À Phnom Penh, c'est le désert, et votre pays, la France, n'a plus de représentation diplomatique et ne peut rien faire pour

1. Très acides, les tamarins servent normalement à la préparation de la soupe de poissons, mais ils désaltèrent et redonnent de la force grâce à leur haute teneur en vitamine C.

2. J'ignore que la France n'a plus de poste diplomatique à Phnom Penh et, avant qu'elle vienne à mon secours, il me faudra encore attendre que les relations se normalisent entre les deux pays.

vous actuellement. Attendez-moi ici, je reviens. » Sur ces mots, il disparaît dans la cohue. Sans beaucoup d'espoir, mais trop épuisée pour continuer mon errance, je m'assieds à l'ombre d'un tamarinier et je l'attends patiemment. De toute façon, je n'ai rien d'autre à faire et aucune solution à ma faim. Le temps passe, et le voilà qui revient comme promis, chargé de deux gros paquets. « Voici un peu de riz et de viande, mangez d'abord pour reprendre un peu de force. Demain matin, vous vous présenterez au campement installé devant l'hôpital de la ville où l'on vous donnera des vitamines. N'hésitez pas à venir me voir si vous avez besoin d'aide. » Et il m'indique où se trouvent son Q.G. et l'hôpital de Siem Reap. Je le remercie chaleureusement et repars plus légère avec, sous le bras, mes pochettes surprise tombées du ciel, dont je partage le contenu avec mon fils, Hong et ses enfants. Le premier paquet contient du riz tout chaud, et le second de délicieux morceaux de viande et de poisson salés, séchés et grillés. En repensant à ce premier repas, je bénis encore ce soldat vietnamien.

Le lendemain, nous nous rendons tous ensemble devant l'hôpital où les *bô-dôi* ont installé une sorte de tente avec des tables occupées par deux ou trois militaires vietnamiens, apparemment des médecins. Sans nous ausculter, ils se contentent de nous distribuer dans un premier temps des comprimés de multivitamines, du riz, du sucre, du poisson séché et une boîte de lait concentré sucré par famille. Nos sauveteurs nous recommandent de revenir tous les deux jours pour le ravitaillement. Le paradis après l'enfer !

Malheureusement, mon organisme n'arrive toujours pas à assimiler ces bonnes choses, et après chaque repas, j'ai la diarrhée. De plus il n'y a pas d'électricité ni d'eau courante dans notre campement de fortune, juste un puits d'où l'on tire une eau douteuse, et pas de latrines. Tout le monde fait ses besoins dans ou autour d'une mare asséchée…

Au bout d'une semaine, mes forces commencent à revenir grâce aux multivitamines et à un régime alimentaire amélioré. Ce n'est pas encore le grand luxe, nos sauveteurs ne roulent pas sur l'or, et partagent avec nous ce qu'ils ont en attendant une éventuelle aide humanitaire internationale. Je fais toujours de l'œdème, mes genoux, très enflés, sont comme en coton. Je tiens difficilement debout. Je pèse à peine trente kilos, mais mon ventre, mes jambes et mes pieds gonflés me donnent l'allure d'un éléphant. Le régime multivitamines-repas fait énormément de bien à Jean-Jacques. Au bout de dix jours, son œdème a presque disparu et il a meilleure mine. Tous les jours, le Dr Mu, le médecin-officier, visite les différents campements dans Siem Reap pour distribuer des vitamines, prodiguer des soins ainsi que des petits mots d'encouragement aux réfugiés. Il passe prendre de nos nouvelles. Cette attention nous remonte un peu le moral et nous redonne espoir. Hong et moi errons en ville toute la journée à la recherche d'un travail, mais il règne une pagaille indescriptible et personne ne sait encore qui fait quoi…

Les soldats vietnamiens font tout leur possible pour venir en aide aux morts-vivants qui affluent chaque jour, tandis que les combats continuent dans les provinces bordant la frontière thaïlandaise. Grâce à eux, la vie s'organise lentement dans la ville. L'unique hôpital est réouvert pour accueillir les malades les plus graves et les blessés, en particulier les réfugiés égorgés par les Khmers rouges, laissés pour morts et ramenés à Siem Reap par les *bô-dôi*. Mais infirmiers et médecins manquent encore cruellement, aussi lors d'une de ses visites, quand il apprend qu'elle a été infirmière, le Dr Mu demande à Hong si elle accepterait de travailler à l'hôpital. Sans hésitation, Hong accepte, et j'en profite pour proposer mes services en bluffant un peu sur mes capacités, ne voulant pas rester inactive ... Je suis donc recrutée comme infirmière-aide-soignante, et Hong comme infirmière. Ce travail va permettre à nos enfants et à nous-mêmes d'être un peu mieux soignés.

Les Vietnamiens ont réquisitionné tous les appartements et maisons vides à proximité de l'hôpital pour loger le personnel nouvellement recruté. On nous attribue, à Hong et moi, le premier étage d'une petite maison tenant encore debout, mais complètement à l'abandon, et dont les propriétaires ne sont jamais revenus de l'exode. Le logement est pratiquement vide, simplement équipé d'une table bancale, de deux vieilles chaises, et envahi de toiles d'araignée. Mais pendant quatre longues années nous nous sommes contentés d'une natte et d'une moustiquaire pour reposer nos corps squelettiques... Les jours suivants, nous essayons de récupérer des lits et quelques ustensiles de cuisine dans les maisons avoisinantes pas encore occupées. En quelques coups de balai, nous redonnons vie à ces tristes lieux. Et comme les archives des cadastres ont été détruites par les Khmers rouges, personne ne peut encore revendiquer ses biens. Les réfugiés s'installent comme ils peuvent, les premiers arrivés sont les premiers servis !

Les bâtiments de l'hôpital sont délabrés et l'électricité et l'eau courante manquent encore cruellement. L'eau utilisée pour la cuisine, la lessive et la toilette des malades provient de l'unique puits situé dans la cour de l'hôpital. Un peu plus loin, il y a le fleuve, mais cela représente une corvée supplémentaire d'aller en charrier l'eau, aussi on se contente du puits. Les blessés et les malades arrivent tous les jours et il faut parer au plus urgent. Ils atterrissent dans de grandes salles communes sans lits et sans matelas, allongés à même le sol sur des nattes de fortune. Nous aidons les Vietnamiens à dépoussiérer, enlever les toiles d'araignée, balayer, rincer le sol. Les locaux étaient abandonnés depuis avril 1975.

Hong m'initie aux injections intramusculaires dans le bras. Ce n'est pas tellement difficile. Au bout de cinq à six malades, je suis rodée. Les blessés très mal en point, comme ceux qui ont été égorgés par les Khmers rouges, sont tout de suite pris en charge par un chirurgien vietnamien qui recoud la plaie comme il peut. Heureusement, ils possèdent un minimum de produits, car ils doivent également soigner leurs soldats blessés revenus du front. Mais ces derniers ne sont pas hospitalisés au même endroit que les réfugiés cambodgiens. Ils disposent d'un autre site. En attendant que les aides arrivent du Vietnam et des organisations humanitaires, j'apprends à utiliser, parcimonieusement, l'alcool à 90° pour les piqûres, il n'y a que quelques litres en réserve, à stériliser seringues et aiguilles dans l'eau bouillante, et même à aiguiser les têtes des aiguilles usées…

L'hôpital est d'abord géré par les Vietnamiens qui réussissent à former et à mettre en place en un temps record une équipe de médecins cambodgiens auxquels ils confèrent la direction au bout de quelques mois, lorsque tout est à peu près réorganisé. Quand le nouveau médecin-chef cambodgien prend ses fonctions, il me déplaît d'emblée, je ne sais pas pourquoi… Et la réciproque ne fait aucun doute. Quelques jours après son arrivée, il me change d'affectation pour me mettre à la lessive des vêtements des malades, dont beaucoup souffrent de diarrhée. Les malades n'ont souvent plus de famille, c'est donc nous qui les prenons complètement en charge. Changer les diarrhéiques, laver leurs vêtements, tel est mon nouveau job. Pour cela, je dois tirer l'eau du puits, et, en retenant ma respiration, laver le linge sans détergent ni eau de Javel, mes pieds me servant de brosse pour récurer. À midi, je termine mon travail, éreintée et écœurée par l'odeur tenace dans mes narines, à tel point que je ne peux rien avaler en rentrant. Au bout d'une semaine, je recommence à dépérir, mais je continue, sans me plaindre, à accomplir cette sale besogne.

Un matin, le Dr Mu, qui m'a déjà tellement aidée, vient faire une visite à l'hôpital et me trouve en train de tirer de l'eau du puits pour ma corvée de lessive. Sachant parfaitement que je ne suis pas encore tout à fait retapée, il me demande, en colère, qui m'a ordonné de faire ce travail, et depuis quand. Puis il appelle le médecin-chef et lui ordonne de me décharger immédiatement de cette tâche.

Le lendemain, mon protecteur me trouve un emploi à la pharmacie de l'hôpital. Il s'agit de trier des médicaments et des instruments, de jeter les produits périmés et de classer ceux qui peuvent encore servir. C'est un travail minutieux et nettement moins fatigant que le précédent. Je l'expédie en quelques jours car beaucoup de produits sont périmés et il n'y a pas grand-chose à récupérer, le stock n'ayant pas été alimenté ou renouvelé depuis l'arrivée des Khmers rouges. Heureusement pour moi, les Vietnamiens ont conservé le pouvoir de décision dans l'organisation de l'établissement et dans l'affectation du personnel, sinon je serais encore à la merci de ce médecin Khmer.

Après l'hôpital, le Dr Mu me propose une autre occupation : écrire ce que fut ma vie depuis quatre ans ! Je ne suis pas contre, mais qui va nous donner à manger si nous ne travaillons pas ? « N'ayez aucune inquiétude à ce sujet, m'affirme-t-il, matin, midi et soir, vous viendrez prendre vos repas à la cantine des *bô-dôi* avec votre fils. Nous mettrons à votre disposition tout ce qu'il vous faut pour rédiger vos Mémoires. N'essayez pas d'en faire un roman, écrivez simplement tout ce que vous avez vu et vécu, au jour le jour, sous le régime des Khmers rouges. »

Soit. J'accepte cette tâche sans discuter, puisqu'elle me permettra, à mon fils et à moi, d'avoir le ventre rempli. Le jour suivant, je me présente donc au Q.G. vietnamien. Un *bô-dôi,* apparemment déjà informé de la mission que je dois accomplir, m'installe sans poser de question dans une petite pièce tranquille, équipée d'une table et d'une chaise, me donne du papier jauni, du papier carbone, des crayons et une gomme. Chaque jour, après un copieux petit déjeuner pris avec les *bô-dôi,* je me mets donc au travail, racontant, aussi précisément que possible, ces événements tragiques qui ont bouleversé ma vie.

Il me faut plusieurs semaines pour venir à bout de ma rédaction. La tâche n'est pas facile, je ne sais pas par où commencer et je ne peux écrire que quelques pages par jour. De plus, mettre des mots sur toute cette souffrance est tellement douloureux…

Quand j'ai posé le point final, le Dr Mu m'explique que cette confession pourra être utilisée dans l'éventuel procès de Pol Pot. J'ignore tout de la jurisprudence, mais je lui fais entièrement confiance. Je remets l'original de mon manuscrit et garde un double obtenu avec le papier carbone que je conserve précieusement pendant vingt-cinq ans. C'est cet exemplaire que je relis et corrige aujourd'hui, avec le recul du temps.

Le Dr Mu me confie ensuite un autre travail qui me plaît beaucoup : la traduction, du vietnamien en français, de cours pour la formation d'infirmiers rédigés par des médecins vietnamiens. En raison de la pénurie de personnel hospitalier, puisque la majorité de ses membres a été massacrée ou a quitté le pays avant le chaos, les médecins vietnamiens forment des secouristes et des infirmiers cambodgiens. Or leurs cours sont rédigés en vietnamien et tous les élèves Khmers survivants sont francophones. Comprenant et lisant couramment le vietnamien, je suis bien placée pour faire ce travail, un exercice intellectuel qui me change du labourage, de la construction de digues ou de la fabrication d'engrais !

Ma santé s'améliore. Je suis tellement gavée de vitamines qu'au bout de trois mois je suis presque rétablie. Rien d'étonnant à cela, je suis capable de dévorer une casserole entière de riz par repas. Mais comme je fais toujours de l'œdème, un régime sans sel m'est imposé. Tous les matins, au petit déjeuner de la cantine des militaires, je mange donc avec appétit une grande assiette de riz avec du poisson frit et du sucre. À l'époque, cette combinaison d'aliments me paraît délicieuse, et les soldats vietnamiens mangent principalement du poisson pêché dans le fleuve, la viande de bœuf ou de porc étant encore une denrée de luxe.

Bref, après l'enfer que je viens de quitter, le bonheur est presque total. Je me sens libérée, délivrée, enfin. J'enfouis profondément en moi-même la tristesse et le chagrin pour aller de l'avant, essayer de revivre normalement, de reconstruire tout ce que ces monstres ont démoli, en un mot de repartir de zéro… Ainsi, peu à peu, je reprends goût à la vie grâce aux bons soins des médecins vietnamiens.

Bien entendu, les services que nos libérateurs nous rendent ne semblent pas totalement désintéressés. En moi, ils ont sûrement trouvé un premier témoin non cambodgien pour appuyer leur cause, mais une cause à laquelle j'adhère sans arrière-pensée. Si ce procès pouvait servir à punir nos bourreaux…

Aujourd'hui, j'aimerais remercier du fond du cœur ces militaires vietnamiens arrivés à temps pour garder en vie les quelques millions de Cambodgiens qui restaient. Ils nous ont sauvés, mon fils et moi. Tous les survivants savent très bien à qui ils doivent la vie, mais la plupart ne veulent pas le reconnaître, personne ne veut dire tout haut ce que tout le monde pense tout bas... Après mon départ du pays, le 15 novembre 1979, je ne peux pas témoigner de ce qui s'est passé. Mais de janvier à novembre 1979, entre Siem Reap et Phnom Penh, je n'ai rencontré que des *bô-dôi* aimables, courtois, humains et serviables, qui n'ont exercé aucune exaction ou pression sur les rescapés, les condamnés à mort en sursis qu'ils venaient d'arracher aux griffes meurtrières des monstres Khmers rouges. Je n'ai été témoin d'aucun acte de pillage ou de violence quelconque. Au contraire, ils ont fait tout leur possible pour redonner vie à un pays exsangue, vidé de tout, sans économie, sans écoles, sans élites, sans hôpitaux...

J'éprouve en particulier une profonde reconnaissance et beaucoup d'estime envers le Dr Mu, ce médecin militaire qui s'est occupé de nous dès le jour de notre arrivée à Siem Reap, sans rien demander en échange. Il était aimable et savait tout faire. Je me souviens encore avec beaucoup de tristesse qu'un jour, lui rendant visite, je l'ai trouvé en pleurs. Il venait d'apprendre que sa femme, institutrice, et ses deux petites filles restées au pays étaient mortes sous les bombardements chinois. La douleur de cet homme est encore vivace en moi. Quelle amère injustice et triste ironie du sort ! Alors qu'il était parti sauver et protéger des inconnus, il avait perdu toute sa famille restée sans protection au pays…

Siem Reap. Pendant que je traduis les cours de secourisme, Hong continue son travail d'infirmière à l'hôpital, et Jean-Jacques s'occupe en donnant un coup de main aux soldats vietnamiens. Il va chercher du bois mort pour la cuisine du quartier général, le débite, part à la pêche sur le fleuve avec les cuisiniers, les aide à nettoyer et à vider les poissons avant de les saler et sécher pour la conservation. Tout cela demande beaucoup de travail. Il n'y a encore ni pêcheurs ni filets. Pour attraper une grande quantité de poissons en peu de temps, les soldats balancent des grenades dans l'eau. Cette méthode n'est certes pas très écologique, mais il s'agit de « retaper » d'urgence des milliers de moribonds… Le poisson rapporté quotidiennement ne fait pas long feu : il est salé, séché ou grillé, puis redistribué aussitôt à la population. Des points de ravitaillement sont installés dans les différents quartiers de Siem Reap et tout un chacun a droit à une ration journalière de riz, de sel, de poisson, de sucre et aussi, miracle, de lait concentré sucré (une boîte par famille et par semaine), de bananes et d'oranges disparues depuis si longtemps de la circulation… La monnaie locale n'est pas encore réintroduite, donc le commerce inexistant, la population continue à vivre en coopérative.

Pendant ces deux premiers mois de notre existence à Siem Reap, toutes les denrées de première nécessité distribuées aux rescapés proviennent essentiellement de l'aide vietnamienne. On ne voit pas encore l'ombre d'une organisation internationale ou humanitaire. C'est seulement vers le mois de mars que deux journalistes ou médecins français – je ne m'en souviens plus exactement – viennent visiter l'hôpital pour faire le constat de la situation. Ils m'interviewent, prennent des photos, promettent de m'aider à retrouver la trace de mes frères et sœur établis en France et de signaler ma présence aux autorités françaises. Depuis le retour à la liberté, l'avenir et les études de Jean-Jacques me préoccupent de façon presque obsessionnelle, tout comme la faim dans les rizières... Nous avons tout perdu, les êtres qui nous étaient les plus chers, notre santé et nos biens. Nous n'avons plus un sou vaillant et devons repartir de zéro. Mais nous sommes encore vivants, il nous faut désormais nous tourner vers l'avenir... Je n'ai pas le droit de baisser les bras, je dois continuer à lutter...

Peu après ma rencontre avec les journalistes français, je fais la connaissance d'un écrivain vietnamien renommé, M. Nguyen Khac Vien. Venu me parler de mon manuscrit qui servira de témoignage au procès des criminels, il m'assure aussi qu'il va le faire publier en Europe, à condition que je supprime les passages où j'évoque les idées communistes de mon mari et sa confiance aveugle envers les dirigeants Khmers rouges. Sur le moment, j'accepte sans réellement comprendre les exigences de M. Vien. La raison de cette censure me paraît claire aujourd'hui. Il craignait que mes propos ne condamnent trop globalement le communisme !

Quelque temps plus tard, deux journalistes vietnamiens arrivés d'Hô Chi Minh-Ville viennent faire un reportage sur le pays dans le but d'alerter le monde entier. Ils me filment et m'interrogent pendant deux jours, avec l'intention de diffuser l'entrevue à la télévision. Les deux reporters ne parlant pas le khmer, j'ai pour mission de leur servir d'interprète et de guide, et de visiter avec eux tous les lieux où les Khmers rouges parquaient la population. C'est ainsi que je fais un douloureux pèlerinage à Loti, notre ancienne « résidence ». Les paillotes qui nous abritaient sont toujours là, un peu délabrées, mais la forêt commence déjà à reprendre possession des lieux. J'essaie de retrouver les endroits où sont enterrés les miens, malheureusement tout est enseveli par les broussailles. Déçue et malheureuse, j'accompagne les visiteurs dans d'autres camps que je ne connais pas, situés plus au nord de Siem Reap, non loin des ruines d'Angkor.

Sinistres et douloureuses visites, macabres découvertes. J'en suis encore malade en y repensant. Dans un village, nous trouvons des puits asséchés remplis d'ossements humains, un peu plus loin, un hangar entouré de trois énormes fosses pleines de cadavres en état de décomposition, de corps brûlés avec de l'écorce de paddy pour fabriquer de l'engrais humain. Autour des fosses sont empilés et éparpillés des tas de vêtements d'hommes, de femmes, d'enfants, une odeur nauséabonde et irrespirable de pourriture s'en dégage et flotte dans l'air... Horrifiée à la vue de ce spectacle, je reste muette pendant une bonne dizaine de minutes et me mets à sangloter. Comme ils ont dû souffrir moralement et physiquement avant de finir dans ces fosses ! Je repense alors avec effroi à ces « réservoirs d'eau » que nous avions creusés à Loti...

Deux rescapés contraints par les Khmers rouges à la fabrication de cet engrais humain en attendant d'être massacrés à leur tour sont restés sur le site. Choqués, ils n'ont pas pu quitter les lieux à l'arrivée des Vietnamiens. Ils nous livrent un témoignage effrayant. Les *yautheas* amenaient leurs victimes par charrettes entières à la nuit tombée, des hommes, des femmes et des enfants. Les femmes et les enfants étaient ensuite séparés des hommes, lesquels devaient charrier des sacs d'écorces de paddy jusqu'à proximité des fosses. Peu de temps après, les femmes, les enfants et les hommes des contingents précédents étaient regroupés autour de la fosse les yeux bandés puis exécutés par les *yautheas* à coups de hache dans la nuque. Pas de coups de feu, les munitions coûtaient trop cher à

Angkar... Les hommes en sursis déshabillaient les cadavres, les jetaient dans les fosses tout en répandant les écorces de paddy sur chaque couche : une couche de cadavres, une couche d'écorces de paddy, et ainsi de suite jusqu'à ce que la fosse soit remplie, puis ils les arrosaient de pétrole et y mettaient le feu. Vingt-quatre heures plus tard, ils venaient récupérer les cendres pour les passer au tamis. Les ossements restés entiers étaient réduits en poudre au pilon, les cendres stockées dans des sacs de jute pour être dispersées dans les rizières comme engrais. Ces monstres disaient que c'était un engrais gratuit pour les caisses d'Angkar et écologique. Les trois fosses existantes brûlaient ainsi sans répit. Si les Vietnamiens n'étaient pas arrivés à temps, ces deux hommes auraient été réduits en cendres. Ils avaient trié la dernière fournée, vingt-quatre heures après serait venu leur tour.

Dans le hangar qui avoisine les fosses, nous retrouvons le matériel ayant servi au travail macabre : trois pilons identiques à ceux utilisés au décorticage du riz, des tamis, des sacs de jute vides, des bidons de pétrole vides ou à moitié remplis, et dans un coin, des sacs remplis de cendres. L'un des pilons contient encore des ossements non consumés et qui devaient être réduits en poudre.

La visite de ces lieux se révèle être un véritable calvaire. Cela représente un choc moral qui me perturbe tellement que je finis par faire de l'anorexie. De retour à Siem Reap, je ne peux plus rien manger pendant plusieurs jours et me remets à maigrir. Le Dr Mu s'en inquiète, et ne trouvant aucun signe clinique à l'auscultation, me gave de nouveau de vitamines. En effet, il est indispensable que je retrouve bonne mine : les autorités vietnamiennes projettent de rassembler un maximum de témoins en bonne condition physique pour le procès de la clique Pol Pot-Ieng Sary, je suis pressentie pour comparaître...

En attendant, la vie à Siem Reap s'améliore de jour en jour et les journalistes étrangers affluent, de plus en plus nombreux. Un jour, un journaliste français en provenance d'Hô Chi Minh-Ville me remet un paquet de la part d'une ancienne collègue et amie de l'ambassade de France à Phnom Penh, Cécile Benoliel, alors en poste au consulat de France à Hô Chi Minh-Ville. Le paquet contient des savonnettes et quelques petites culottes, objets de luxe auxquels je ne suis plus habituée depuis belle lurette, deux boîtes de lait concentré sucré, ainsi qu'un peu de sucre blanc raffiné. Le tout est accompagné d'un mot d'encouragement, me disant de ne pas perdre patience ni espoir. En reconnaissant l'écriture et la signature de mon amie, je fonds en larmes. Est-ce le fait d'avoir dû, pendant quatre ans, refréner toutes mes émotions ? Je pleure maintenant pour un oui ou pour un non, cela me soulage énormément de pouvoir enfin extérioriser mes sentiments.

Ce cadeau inespéré me comble de joie et me rassure aussi. Car si Cécile m'a localisée, la France est donc au courant de mon existence et fera certainement le nécessaire pour nous sortir très vite de ces lieux maudits. Mais les choses ne seront pas si simples… Dans la pagaille du retour à la liberté, il y a eu beaucoup d'usurpations d'identité. Le ministère des Affaires étrangères doit faire son enquête, vérifier les informations que j'ai données aux journalistes. Ce travail prendra du temps. Nous sommes en mars 1979 et je devrai attendre jusqu'en novembre pour que ma situation se débloque[1]. Trois à six mois d'attente, pour quelqu'un

1. J'apprendrai plus tard que ce sont d'anciennes collègues de l'ambassade de France à Phnom Penh qui, en me reconnaissant sur une photo parue dans un quotidien, ont aidé à accélérer le processus.

qui vit dans le confort, c'est un délai normal. Mais pour moi, chaque jour passé sur les lieux du calvaire me paraît un siècle. Je n'ai qu'une idée fixe et égoïste : quitter au plus vite le pays qui m'a vue naître, le beau pays de mon enfance où j'ai maintenant tant de douloureux souvenirs, afin d'offrir une vie meilleure et une scolarité normale à Jean-Jacques qui approche de ses quinze ans. Ne plus perdre une seconde...

Tous les jours, après mon travail de traductrice à l'hôpital, je fais étudier Jean-Jacques dans quelques vieux manuels scolaires français du cycle primaire retrouvés dans une villa abandonnée et récupérés par le personnel de l'hôpital : un livre de calcul et un de lecture, niveau élémentaire – c'est mieux que rien. Je tente de le remettre dans le bain pour qu'il ne soit pas trop perdu le jour où nous partirons et où nous retrouverons une vie comme celle que nous menions avant l'enfer.

Mon pauvre enfant, qui a tant souffert de son côté et qui, depuis quatre ans, lutte autant que moi pour survivre, sans poser de questions, sans faire de reproches, sans pleurer, sans se plaindre... Je désire maintenant de toutes mes forces qu'il soit heureux, qu'il retrouve la vie d'un enfant de son âge. Il est le seul trésor qui me reste.

Le procès

Début avril, les Vietnamiens m'informent officiellement que je suis invitée à témoigner au procès des Khmers rouges qui aura lieu à Phnom Penh mais sans pouvoir m'en préciser la date. Je suis ravie car cela me permettra de rejoindre Phnom Penh où il me sera sûrement plus facile d'accélérer les formalités de mon départ. J'attends donc avec impatience le jour J. Chaque matin en ouvrant les yeux, je me pose la question : Partira ? Partira pas ? Toujours les mêmes incertitudes. Les jours, puis les mois passent et toujours rien. Un peu laminée par cette attente, je vais voir le Dr Mu presque tous les jours, le pressant de questions, mais il ne sait rien lui-même, ou ne veut rien dire, il se contente de me répéter inlassablement : « Je ne sais trop… Tenez-vous prête seulement ! » Pour être prête, je le suis depuis des mois, depuis l'annonce de la nouvelle. Un petit baluchon renfermant quelques vêtements et effets personnels attend déjà. L'idée de cette séparation attriste mon amie Hong, car elle sait qu'elle ne me reverra pas. De toute façon, une fois à Phnom Penh, le retour à Siem Reap sera impossible.

Et puis un matin du mois d'août, quarante-huit heures avant le procès, le miracle s'accomplit. Au lever du jour, deux *bô-dôi* accompagnés de deux Vietnamiens en civil[1] viennent nous chercher en Jeep, mon fils et moi. Une semaine auparavant, les autres témoins cambodgiens ont déjà rejoint Phnom Penh par la route. Je suis très émue et attristée en même temps de quitter Hong, devenue une sœur pour moi depuis notre libération. Hong est très impressionnée par les militaires et semble un peu inquiète, se demandant si on nous emmène vraiment à Phnom Penh. Pour ma part, je ne suis pas du tout inquiète, je les suis en toute confiance. La Jeep prend la direction de l'aéroport de Siem Reap où nous attend un hélicoptère militaire. À la vue de l'appareil, j'ai un moment de

1. J'apprendrai par la suite que c'étaient des officiers de la police vietnamienne.

frayeur car je n'ai jamais voyagé en avion, et encore moins en hélicoptère ! Nous y prenons place encadrés de nos deux gardes du corps, moi un peu inquiète, Jean-Jacques ne disant mot. Est-il content de revenir à Phnom Penh ? A-t-il peur ? Je ne sais pas et je ne le saurai jamais, car il se tait toujours sur ses états d'âme. Aujourd'hui encore, on dirait qu'il s'est refermé sur ces quatre années d'enfer... Le vol dure plus longtemps que prévu. En écoutant la conversation du pilote vietnamien à la radio, je comprends que nous nous sommes un peu égarés et que nous nous trouvons au-dessus de la frontière thaïlandaise. J'ignore tout des risques encourus et me laisse emmener en toute sérénité.

Une heure plus tard, nous arrivons sains et saufs à Phnom Penh. L'hélicoptère se pose sans encombre à Pochentong[1], où une voiture officielle des autorités vietnamiennes nous attend. Je remets enfin les pieds à Phnom Penh, quatre ans après l'exil. Quelle émotion en revoyant ces lieux familiers ! L'aéroport est toujours là, mais dans quel état ! La piste d'atterrissage est criblée de trous creusés par les roquettes envoyées par les Khmers rouges avant la chute du régime

1. Unique aéroport de Phnom Penh.

de Lon Nol. La tour de contrôle est sur pied, mais les bâtiments alentour sont totalement délabrés. Des souvenirs m'assaillent, doux et amers. Sur la route qui nous ramène de Pochentong à la capitale, les villas des riches sont bien là, mais à l'abandon. Leurs propriétaires sont probablement morts en déportation ou exilés dans un quelconque paradis.

Je ne peux retenir mes larmes en entrant dans la ville. Larmes de joie et surtout de tristesse. Je sens que la vie reprend doucement le dessus, mais elle n'efface pas les meurtrissures de ces quatre années d'horreur, de crime, de destruction. La ville est encore dans un état d'abandon indescriptible. Les hôtes vietnamiens nous en font faire le tour, nous passons par le Phsa Thmey, le grand marché couvert, autour duquel poussent de superbes cocotiers plantés par les Khmers rouges. Les immeubles situés alentour sont complètement détériorés. Les Khmers rouges les avaient transformés en magasins, entreposant dans chaque appartement, par thème, les meubles et équipements récupérés dans les maisons de la capitale. Des appartements entiers sont ainsi remplis jusqu'au plafond de Frigidaires, ou de téléviseurs, de fers à repasser, d'ustensiles de cuisine, de meubles, de lits, de canapés, etc. Ces monstres ont tout trié, comme ils l'ont fait avec nous. Les voitures, entièrement démontées, ne sont plus que des carcasses abandonnées pêle-mêle... Une pagaille inimaginable ! Les Khmers rouges ont banni et rejeté de leur vie tout ce qui, selon eux, rappelait l'impérialisme et provenait de l'Occident corrompu. C'est dans cet état d'esprit qu'ils voulaient fonder une nouvelle nation !

Les Vietnamiens nous déposent ensuite, Jean-Jacques et moi, dans un hôtel réquisitionné pour loger tous les témoins du procès. Il est convenablement équipé et, durant les quelques jours du procès, nous prenons nos repas dans une sorte de cantine. Et miracle, nous retrouvons l'électricité et l'eau courante dont nous avons été privés depuis si longtemps. Des avocats vietnamiens viennent également prêter leur concours à ceux qui le désirent pour écrire leur témoignage en français ou en anglais. Les témoins cambodgiens peuvent le faire en cambodgien si cela leur est plus aisé. Pour ma part, je leur demande de quelle manière présenter mon récit. Ils me conseillent simplement de relater ce que nous avons vécu et enduré.

Le procès se déroule dans la salle Chakdomuk (réservée, sous l'ancien régime, aux soirées artistiques), non loin du palais royal, en présence de nombreux juristes locaux et internationaux. La presse française (FR3 et *L'Humanité*) et étrangère sont présentes. Le procès durera plusieurs jours, mais je ne suis convoquée que pour une seule date. Mon fils m'accompagne, il y assiste sans participer. C'est la première fois de ma vie que je comparais devant un tribunal, je suis tour à tour submergée par les souvenirs douloureux et par un terrible désir de punition, de vengeance…

Je commence par décliner mon identité à la barre, puis un avocat Khmer lit un résumé de deux ou trois pages du texte que j'ai écrit à Siem Reap. Puis on me pose des questions. Je me contente de relater les souffrances subies depuis quatre ans, de nommer tous les proches perdus, et je termine en implorant la cour de condamner les coupables. D'autres témoins viennent ensuite à la barre : des bonzes relatent comment une partie d'entre eux ont été éliminés car considérés comme « bouches nutiles » ou ont été forcés de se marier alors que cela leur était interdit. Ensuite, des musulmans racontent comment la minorité qu'ils représentent a été massacrée, comment ils ont été forcés de manger du porc tandis que d'autres réfugiés mouraient de faim. C'est ensuite le tour d'anciens fonctionnaires, d'instituteurs – qui ont échappé aux exécutions en dissimulant leur véritable fonction – ou de paysans qui, tous, ont perdu leur famille. J'écoute en pleurs ces témoignages, aussi accablants les uns que les autres, et lourdement accusateurs. Les témoins racontent tous les mêmes souffrances morales et physiques. En l'absence des accusés Pol Pot et Ieng Sary, le président du tribunal a désigné deux avocats pour les défendre. Ils sont tous deux condamnés à mort par contumace.

Une fois passée cette épreuve, et en attendant de trouver un travail, Jean-Jacques et moi restons encore quelques jours à Phnom Penh. Au procès, j'ai fait la connaissance de journalistes américains, français, d'un attaché de l'ambassade de Russie au Vietnam, et je leur ai fait part de mon impatient désir de quitter très vite ces lieux maudits, en leur expliquant que j'attendais désespérément l'intervention de la France, mon pays. De retour au Vietnam, le diplomate russe s'empresse d'évoquer ma présence auprès du consul général de France à Hô Chi Minh-Ville et lui demande ce qu'attend la France pour faire sortir une de ses ressortissantes prisonnière au Cambodge. Comme je l'apprendrai plus tard, le consul en poste trouve que je parle trop et se montre agacé. Je crois qu'il ne se rend pas compte de ma situation. Pour lui la bureaucratie c'est la bureaucratie, il faut savoir attendre ! L'intervention du Russe fait pourtant son effet, car deux semaines plus tard, je reçois, par le canal des représentants de la Croix-Rouge internationale, une lettre de l'ambassadeur de France à Hanoi m'apprenant que les autorités françaises sont en train de faire le nécessaire pour mon départ, et me demandant de patienter encore un peu.

À Phnom Penh, mes protecteurs vietnamiens – les deux militaires et les deux officiers de police qui m'ont escortée depuis Siem Reap – s'occupent de moi. Un jour, ils me proposent de revoir mon ancien appartement… J'accepte, avec l'espoir de retrouver quelques affaires. Je n'ai aucun mal à retrouver l'adresse, mais ma déception est immense. L'immeuble se trouve toujours là, mais tous les appartements ont été vidés. Dans l'un des deux appartements qu'occupait ma famille, je retrouve par miracle, accroché au mur, un tableau peint par Seng, représentant une vue d'en haut du marché central. Mon passé resurgit brutalement et je ne peux m'empêcher de fondre en larmes. Ce tableau est le seul bien que je retrouve. J'ai hélas dû m'en défaire au moment de quitter Phnom Penh et l'ai donc offert en souvenir à un vieil ami de Seng que j'avais retrouvé.

Une autre épreuve m'attend après ce douloureux pèlerinage. Nous allons visiter un lycée cambodgien transformé en centre de détention et de torture par les Khmers rouges, le lycée Tuol Sleng. Là, je découvre l'horreur incommensurable des atrocités commises. Dans le hall d'entrée, les Khmers rouges ont érigé une colline de vêtements des hommes, femmes et enfants emprisonnés et massacrés. Tout autour, sur les murs, leurs photos sont accrochées. Ils portent tous autour du cou une petite pancarte avec un numéro. Je les passe en revue, dans l'espoir de retrouver celle de Seng, en vain. Dans une autre pièce, un amoncellement d'os et de crânes humains récupérés des fosses communes et regroupés là en souvenir s'offre à ma vue. Chaque salle de classe est divisée en plusieurs cellules minuscules avec, au mur, des anneaux et des chaînes et où un homme peut à peine s'allonger... Leur cruauté est même allée jusqu'à consigner dans des registres les détails des tortures infligées aux prisonniers. On peut par exemple y lire qu'ils ont brûlé la langue d'un homme avec des cigarettes pour le faire parler, sur un autre ils ont prélevé le foie avant décès, diagnostic : foie de bonne qualité. Moi qui avais toujours cru qu'après le nazisme de telles horreurs ne pouvaient plus avoir lieu. Et dire que plus tard, en France, des journalistes malveillants et anti-Vietnamiens ont eu le culot de dire que Tuol Sleng n'était qu'une mascarade, une mise en scène du régime pro-vietnamien en place. Comment peut-on être de si mauvaise foi ?

En sortant du lycée, je vomis tout mon déjeuner.

Quelques jours plus tard, l'officier de police vietnamien m'apprend qu'en attendant mon départ, on m'a trouvé un travail au ministère de la Santé, installé dans les anciens locaux de la société Comin Khmer, où j'avais été employée... En contrepartie, j'aurai droit à un logement dans un appartement situé dans un immeuble réquisitionné pour loger le personnel du ministère, ainsi qu'à l'accès à la cantine commune où l'on nous servira, matin, midi et soir, du riz accompagné de *prahok* (ce plat dont je rêvais les soirs où la faim m'empêchait de dormir) ou de la soupe au tronc de bananier. Nous sommes libres de manger sur place ou de rapporter notre ration chez nous. Ne possédant pas d'ustensiles, nous ne pouvons pas encore faire de cuisine. Avant que le Cambodge ne retrouve une vie normale sur le plan culturel, économique, médical, sanitaire et social et en attendant que les aides humanitaires et internationales arrivent, les Vietnamiens continuent de leur mieux à fournir les denrées de première nécessité aux rescapés, tandis que les autorités locales redistribuent à la population meubles, nattes, casseroles, etc. récupérés dans les appartements transformés en magasins par nos « gardiens » qui nous disaient, il y a quatre ans, de partir l'esprit tranquille, qu'ils veilleraient sur nos maisons…

Jean-Jacques allant sur ses quinze ans et étant donc considéré comme un adulte, le ministère lui propose à lui aussi un travail à plein temps dont il n'est pas peu fier. Armé d'un fusil, en short, pieds et torse nus, il est employé comme garde de sécurité devant le ministère.

Pour ma part, je suis nommée interprète du ministre de la Santé en personne, un Khmer krom[1] et… Khmer rouge de la fraction pro-vietnamienne[2]. Le ministre comprend mieux le vietnamien que le cambodgien ; comme je parle le vietnamien, l'anglais, le français et le khmer, je deviens peu à peu son « homme de confiance », ce qui ne va pas sans susciter la jalousie de son chef de cabinet, un Cambodgien fort érudit. Pour mon travail, j'ai besoin de nouveaux vêtements. Le ministère nomme un couturier qui a pour mission d'habiller tout le personnel avec du tissu en provenance du Vietnam. On me confectionne donc deux

1. Les Khmers kroms sont des Khmers vivant le long de la frontière khméro-vietnamienne et le plus souvent parlant mieux le vietnamien que le khmer.

2. Un jour, des journalistes cubains interrogeront le ministre en ma présence : « Monsieur le Ministre, en tant qu'ancien Khmer rouge, vous aussi avez les mains tachées de sang… » Le ministre se justifiera en expliquant que les Khmers rouges pro-Vietnamiens s'étaient très vite opposés aux purges et exécutions en série décidées par les Khmers rouges pro-chinois. D'où la scission entre les deux factions.

sampots en toile de couleur mauve et deux chemisiers en coton à rayures roses et blanches. C'est bien plus gai que le noir des vêtements imposés par Angkar. J'ai même eu droit à une paire de savates toutes neuves.

Avec le ministre, nous prenons l'habitude de nous entretenir en vietnamien. Aussi, lorsque le nouveau Premier ministre, pro-vietnamien, reçoit une délégation des médecins d'OXFAM. – organisation non gouvernementale dont le siège est à Oxford – qui envoie au gouvernement un bateau chargé de matériel médical, de médicaments et de lait en poudre, au lieu de traduire l'entretien avec les visiteurs britanniques en cambodgien, je traduis directement en vietnamien. Le Premier ministre comprend apparemment sans aucune difficulté. Mais le chef de cabinet n'est pas content, et me demande par la suite pour quelle raison je m'obstine à ne pas parler le khmer en présence du ministre.

Le ministre de la Santé se montre très sympathique avec moi et apprécie mon intérêt pour le travail qui m'est confié. Un jour il me conseille de lire la biographie de Lénine en vietnamien, un gros livre trônant dans sa bibliothèque et qu'il me prête. J'ai d'autres chats à fouetter, mais pour ne pas le vexer, j'accepte de le lui emprunter (je lui rendrai avant de partir sans l'avoir ouvert). Tous les soirs après le travail, je continue à faire travailler Jean-Jacques avec les manuels scolaires que j'ai emportés. De jour en jour, je constate avec bonheur qu'il fait d'énormes progrès en lecture. En calcul, je ne peux que lui réapprendre les tables de multiplication, les quatre opérations ainsi que les quelques formules géométriques. La routine s'installe peu à peu dans notre nouvelle vie, mais une routine nettement plus agréable que l'enfer que nous avons connu…

Rapidement, le ministre est au courant de mon désir de quitter le Cambodge, mais pressentant les difficultés que je vais rencontrer, il me propose de rester au ministère pour continuer ma mission. Des médecins du Secours populaire arrivés à peu près au même moment que ceux d'OXFAM me demandent eux aussi de travailler pour eux. Mais cela ne me dissuade pas de mon projet de quitter le pays. Ma priorité, c'est Jean-Jacques, ses études, son avenir, et pour cela je suis prête à affronter vents et marées et à recommencer une seconde vie. D'ailleurs, plus rien ne me retient au Cambodge. Si je dois reconstruire mon existence, les Khmers, eux, doivent reconstruire leur pays. Un travail de Titan pour moi comme pour eux...

Je continue donc mes démarches en vue de mon départ vers la France. J'essaie de me montrer patiente et persévérante. La vie au ministère n'est pas monotone. Nous commençons à recevoir beaucoup de visiteurs : journalistes, médecins, représentants d'organisations humanitaires internationales telles que le Comité international de la Croix-Rouge (CICR).

Les aides internationales qui commencent à arriver (médicaments, lait en poudre, sucre, matériel médical) apportent un réconfort physique et moral à un peuple meurtri et résigné. Quelques médecins cambodgiens rescapés du génocide ont réussi, avec le concours de médecins vietnamiens, d'OXFAM ou du Secours populaire, à réouvrir la Faculté de médecine pour former rapidement docteurs et infirmiers dont le pays manque cruellement. Ils ont remis sur pied les deux grands hôpitaux de Phnom Penh, l'hôpital Calmette et l'hôpital chinois, ainsi que quelques centres de pédiatrie.

Le pays ouvre ses portes aux étrangers, mais il y règne toujours une atmosphère de méfiance, de suspicion. Le ministère des Affaires étrangères n'hésite pas à affecter des guides auprès des visiteurs, soi-disant pour leur servir d'interprètes, mais qui jouent en réalité le rôle d'espion. Une fois j'ai eu l'occasion, avec deux collaboratrices du ministère des Affaires étrangères, d'accompagner deux médecins d'OXFAM à Sihanoukville pour réceptionner une cargaison de médicaments et de lait en poudre. L'opportunité pour moi de revoir cette belle station balnéaire très prisée des Cambodgiens jusqu'en 1970. Bien entendu, toutes les belles villas, anciennes résidences secondaires des riches de Phnom Penh, sont délabrées et pillées. Le sable de la plage est blanc, mais la forêt en a recouvert une grande partie et là aussi il y a du travail… Le gouvernement a réquisitionné et remis en état la villa du prince Norodom Sihanouk pour héberger les visiteurs étrangers, et c'est là que nous descendons pour passer la nuit avant d'aller réceptionner l'aide d'OXFAM le lendemain. Tous ces contacts avec des étrangers me rassurent.

J'assiste avec intérêt aux réunions et prends très au sérieux ma tâche d'interprète.

Mais chaque fois qu'un journaliste français rend visite au ministère, je lui remets une lettre adressée au ministre des Affaires étrangères à Paris, implorant ce dernier de faire avancer mon dossier... Bref, je ne laisse échapper aucune planche de salut.

Je fais ainsi la connaissance d'Alain Ruscio, un correspondant de *L'Humanité*, et de deux responsables du CICR, Jacques Beaumont et Dominique De Ziegler, qui me témoignent beaucoup de sympathie et de gentillesse. Ils nous invitent Jean-Jacques et moi à venir un matin prendre un petit déjeuner à la française avec croissants, beurre, confiture, chocolat chaud à leur hôtel. Un bonheur indescriptible, car depuis notre libération, notre repas du matin se compose essentiellement de riz et de poisson. Et lorsqu'ils reçoivent des provisions, ils nous offrent des tablettes de chocolat au lait et aux noisettes – de l'or tombé du ciel –, des boîtes de cassoulet, de sardines à la tomate... Ces produits sont encore introuvables car, toujours sans monnaie locale, le commerce n'est pas rétabli. Jusque-là, nous sommes toujours ravitaillés par les Vietnamiens en produits de première nécessité. Par contre, le seul grand hôtel international ayant réouvert fait payer aux étrangers leur séjour en dollars.

En dépit de toutes ces gâteries, je suis toujours rongée par le désir de quitter le pays. J'envisage même de passer par la Thaïlande, d'après les informations recueillies auprès des Cambodgiens. Mais je ne suis pas rassurée, quand je parle de ce projet aux amis du CICR, ils me le déconseillent fortement : les routes vers la Thaïlande sont jonchées de mines, et j'apprends ainsi qu'il y a déjà eu beaucoup de Cambodgiens blessés ou tués. Jacques et Dominique me recommandent fermement de patienter jusqu'à ce que je puisse partir par la voie normale.

À force de raconter mon histoire à tous les journalistes qui passent à Phnom Penh, on se met à parler un peu de moi en France, et un petit article est publié dans un numéro de *VSD*. Un samedi matin, ma belle-sœur Maryvonne, l'épouse de mon frère aîné Henri, cherchant de la lecture pour le week-end, prend au hasard un *VSD* – elle m'a plus tard raconté qu'elle n'achetait jamais ce magazine –, et c'est grâce à cet article qu'Henri retrouve ma trace. C'est la main du destin qui l'a guidé. Un matin, je reçois un télégramme[1] signé d'Henri. Nouveau choc émotionnel, je pleure toutes les larmes de mon corps. Henri est prêt à m'envoyer de l'argent pour notre voyage, mais il faut encore que j'obtienne un visa de sortie du Cambodge et du Vietnam[2], et la chose ne semble pas aisée. J'ai alors l'idée de demander au ministre de la Santé, mon patron, une permission pour aller rendre visite à ma « belle-famille » à Hô Chi Minh-Ville.

Je fais donc ma demande début novembre 1979 et, étrangement, j'obtiens aussitôt l'autorisation de sortir de Phnom Penh, alors que pendant neuf mois, on m'a affirmé que personne ne pouvait rien faire pour moi tant que la France n'avait pas de représentation diplomatique dans la capitale, les autorités khmères et vietnamiennes se renvoyant la balle à chacune de mes démarches. Les Vietnamiens, qui avaient sans doute bloqué mon départ jusque-là, ont dû penser qu'avec cette histoire de visite dans la famille j'avais trouvé le prétexte qu'il fallait. Or ils savaient très bien depuis le début que je n'avais plus aucun

1. Autre signe de reprise, les postes et télécommunications fonctionnent à nouveau.

2. Il n'y a pas encore de liaison aérienne entre le Cambodge et la France, il faut donc obligatoirement passer par le Vietnam.

parent au Cambodge et encore moins au Vietnam. À ce moment, je ne savais pas que ma mère était encore en vie et qu'elle avait atterri à Tay Ninh – une province vietnamienne proche de la frontière cambodgienne. Lorsque je suis arrivée à Hô Chi Minh-Ville, j'ignorais toujours qu'elle était là et ai donc quitté le pays sans l'avoir jamais revue.

Une semaine avant mon départ, je confie la destination réelle de mon voyage à mes amis du CICR, Dominique et Jacques. Ils m'offrent alors cent vingt dollars en petites coupures et Dominique me remet une lettre de recommandation pour ses parents pour le cas où j'aurais besoin de trouver du travail, son père étant ambassadeur de la Suisse à Paris ; enfin il me donne un ticket de métro, en me disant : « Tiens, Denise, la première fois que tu prendras le métro, tu penseras à moi. » Je ne sais pas encore ce qu'est le métro, mais je conserve précieusement le ticket.

Le ministre de la Santé signe enfin ma permission : « J'espère que ce n'est pas un alibi pour partir définitivement, et que vous reviendrez dans le délai accordé de dix jours, n'est-ce pas ? » Je le lui promets. Mais il n'est pas dupe de mes intentions.

Aussi, au lieu de me laisser prendre l'avion reliant Phnom Penh à Hô Chi Minh-Ville comme je l'avais prévu, il me suggère de garder les *dongs*[1] que le ministère m'a offerts pour le voyage, et de partir avec un convoi officiel qui se rend justement à la frontière vietnamienne pour distribuer des médicaments aux réfugiés Khmers des villages limitrophes.

Nous partons donc le 10 novembre 1979 avec, pour tout bagage, deux sampots et deux chemises pour moi, et deux culottes courtes et deux maillots pour Jean-Jacques, nos costumes de travail. En guise de chaussures, nous ne possédons qu'une paire de tongs en caoutchouc chacun, aussi, pour ne pas les user, nous faisons le voyage pieds nus. Mais aucune importance, il fait beau, et je suis tellement heureuse de pouvoir enfin lever l'ancre… Le voyage dure vingt-quatre heures. En raison du mauvais état de la route reliant Phnom Penh à la frontière vietnamienne, nous devons dormir une nuit à la belle étoile, mais dans une ambiance totalement différente cette fois-ci : nous sommes libres et avons l'estomac bien rempli. Le 11 novembre au matin, après un bon petit déjeuner, le convoi

1. Le *dong* est la monnaie du Vietnam.

repart et vers 9 heures nous arrivons à la frontière vietnamienne.

Après avoir fait nos adieux aux médecins cambodgiens du convoi, Jean-Jacques et moi quittons définitivement le territoire khmer pendant que le convoi continue son chemin le long de la frontière pour se rendre dans des villages cambodgiens retirés dans la province de Svay Rieng. Bizarrement, nous ne rencontrons ni douanier ni poste de contrôle, et après avoir parcouru une cinquantaine de mètres, nous nous retrouvons, sans visa d'entrée, dans le premier village vietnamien. Je me renseigne sur la distance et la direction à prendre pour Hô Chi Minh-Ville. Une villageoise très aimable me dit que je n'en suis pas très loin, moins de dix kilomètres, et me conseille d'y aller en cyclo-pousse. Il fait un temps magnifique, le ciel est bleu et toujours cette petite brise fraîche qui souffle du nord, c'est le meilleur moment de l'année. Le ministre avait raison, les *dongs* me sont bien utiles pour continuer. Je hèle un cyclo-pousse et lui indique l'adresse de mon amie Cécile. Connaissant les pratiques du pays et par prudence, je négocie le prix de la course. Et nous voilà tous deux embarqués vers notre nouvelle vie... Moi, soulagée au fur et à mesure que nous approchons du but, Jean-Jacques toujours silencieux. Il semble inquiet ; il ne connaît pas du tout mes frères et sœur, mais ne pose aucune question, se contentant de suivre. Il parle peu, se confie encore moins, et moi, trop préoccupée par notre avenir, je ne pense même pas à l'interroger ou ne sais comment le faire...

Il doit être midi lorsque notre conducteur nous dépose à l'adresse indiquée... Par chance, c'est l'heure du déjeuner et mon amie se trouve chez elle. Quelle surprise pour elle, de nous voir débarquer ! De la joie, mais aussi une petite moue de dégoût, car nous sommes sales et pieds nus. Elle nous indique tout de suite la salle de bains, puis me prête un pantalon et un chemisier, et à Jean-Jacques un short et une chemisette de son mari. Une fois que nous sommes frais et dispos, elle nous offre une collation et nous demande de lui raconter notre expédition. Apparemment, elle est au courant de notre départ et s'attendait à nous voir arriver par avion, et non par la route. Quand nous sommes bien reposés et repus, elle se propose de nous emmener directement au consulat général de France.

Le consulat est gardé comme un bunker : des *bô-dôi* de tout côté. Aucune tête asiatique ne peut y pénétrer sans montrer patte blanche. Ma copine nous fait passer les grilles à l'arrière de la voiture, bien cachés, car j'ai beau être française, avec mes traits de « *nhac* » je ne suis pas exactement un modèle de blonde aux yeux bleus… Je suis tout de suite reçue par le consul général, M. François Bouchet, qui se montre très courtois et soulagé de nous voir arrivés sains et saufs. Il nous installe, Jean-Jacques et moi, dans le pavillon d'hôtes du poste, climatisé, avec toutes les commodités. Ce luxe soudain après tant d'années dans la gadoue me tire à nouveau des larmes, mais des larmes de joie, et de soulagement de réintégrer enfin une vie normale. Jean-Jacques reste toujours muet… Est-il aussi rassuré que moi ? Je le sens toujours un peu inquiet ; il est en train de quitter le pays de son enfance pour un monde étranger, où il va trouver des parents qu'il verra pour la première fois. Moi-même, à part ma grande sœur qui est revenue à Phnom Penh lorsque j'avais neuf ans, je ne connais mes deux frères que par échange de courrier. Oui, pour moi aussi, c'est le grand saut vers l'inconnu, mais je suis si heureuse d'être là, en vie, avec mon fils, en sécurité, loin de l'enfer khmer rouge… Le consul met son cuisinier vietnamien à ma disposition. « Vous n'avez qu'à lui commander ce que vous avez envie de manger, surtout n'hésitez pas, et puis j'ai une très bonne cave, demandez-lui toutes les bouteilles qui vous plaisent… » Mais je n'en profite pas, car je ne m'y connais pas du tout en vin, et pour cause : je n'en ai jamais bu ! Pendant deux jours, le cuisinier nous gâte avec les meilleurs plats vietnamiens et Cécile se joint à nous pour ces festins. Je n'oublierai jamais mes premières sensations en retrouvant le plaisir de goûter de la si bonne nourriture ! Cécile sympathise vite avec Jean-Jacques, elle lui prête un petit magnétophone avec une cassette de Mort Schuman, et nous nous passons en boucle « Il neige sur le lac Majeur »… Pendant ce séjour éclair au consulat, je ne sors du poste diplomatique que deux fois pour remplir les formalités administratives auprès des autorités vietnamiennes, et n'ai pas du tout le loisir ni l'envie de visiter Hô Chi Minh-Ville que je ne connais pas.

Le lendemain matin de notre arrivée, le vice-consul s'occupe de nos passeports. Nous n'avons aucun papier d'identité, en dehors du laissez-passer délivré à Phnom Penh, pas de photos non plus, et il est hors de question que nous sortions de l'enceinte du poste diplomatique pour en faire. Le vice-consul a alors l'idée de nous prendre avec un Polaroid. Les photos sont réussies, et en moins d'une heure nous avons un passeport en bonne et due forme. Mais il faut encore que je me rende au département vietnamien des Affaires étrangères pour déposer ma demande de visa de sortie du Vietnam. Et pour cela, je vais bien être obligée de passer la porte du consulat... Tout le monde a l'air un peu ennuyé : avec mon faciès d'Asiatique et fagotée de mon sampot, on craint que les soldats en faction ne créent des difficultés pour me laisser rentrer. Après une longue concertation, la femme du vice-consul propose de me prêter une jupe, un chemisier et une paire de chaussures. Le hasard fait bien les choses, nous avons à peu près la même taille et la même pointure. Et me voici transformée en vraie Européenne !

Le lendemain, le consul m'accompagne donc aux autorités vietnamiennes. Je ne le sens pas tranquille. Au département des Affaires étrangères, je suis reçue, seule, par un responsable. Celui-ci ne parle pas (ou ne veut pas parler) un mot de français, et m'oblige à lui expliquer toute mon histoire en vietnamien. Puis il épluche mon passeport et le laissez-passer cambodgien... Il fronce les sourcils : « Au fait, comment êtes-vous arrivée jusqu'ici ? Il n'y a aucun visa d'entrée sur votre laissez-passer ! » Tout en transpirant à grosses gouttes, je lui explique dans les détails comment et avec qui j'ai quitté Phnom Penh, puis mon voyage jusqu'à Hô Chi Minh-Ville. Silence total. Au bout de quelques minutes qui me paraissent une éternité, j'ai droit à un laconique : « Eh bien, on va examiner le dossier, il faudra patienter. » Je rejoins le consul qui m'attend dans le hall. Il se demande, toujours inquiet, si l'absence de visa d'entrée dans le pays ne va pas poser problème.

De retour au consulat, il nous invite à déjeuner à sa table. Le délice total, un vrai repas à la française ! Puis Jean-Jacques et moi regagnons le pavillon pour faire une sieste. À 15 heures, le consul retourne à son bureau, où un appel du département des Affaires étrangères vietnamien l'informe que mon visa de sortie est accordé ! Il n'en revient pas ; le délai habituel est de trois semaines à un mois, si ce n'est plus. Je bénéficie indéniablement d'un traitement de faveur. Pendant près de neuf mois, j'ai remué ciel et terre pour partir, et chaque fois, j'entendais la même réponse : « Votre pays n'est pas représenté au Cambodge, nous ne pouvons rien faire », ou alors « Demandez à votre pays d'intervenir à Hanoi », et puis la situation se débloque. C'est étonnant, mais je ne cherche pas à comprendre, tout ce qui m'importe, c'est qu'on me libère pour de bon.

Je peux donc prendre le premier avion en partance pour la France. Toutefois, et c'est la dernière recommandation des autorités vietnamiennes au consul, il conviendrait, par diplomatie, que j'aille voir le chef de la représentation diplomatique khmère du gouvernement Hun Sen à Hô Chi Minh-Ville pour l'informer de mon départ, étant donné que je fais officiellement partie du personnel du ministère de la Santé. Les Vietnamiens ont raison, il faut rester diplomate. Le rendez-vous est même déjà arrangé, je n'ai plus qu'à m'y rendre avec le chauffeur du consulat. L'entretien avec le chef du poste est cordial ; il me demande de raconter brièvement ce que j'ai vécu, compatit à mes malheurs et me souhaite bonne chance pour le futur. Le soir du même jour, pour fêter notre départ, le consul général nous emmène, mon fils, Cécile, son mari et moi, au Club des Français où l'on offre un méchoui. Quel bonheur de retrouver toutes ces bonnes choses après tant d'années de privations... J'ai l'impression d'être sur un nuage. Le cauchemar est réellement terminé et ces trois jours passés à Hô Chi Minh-Ville ressemblent à un véritable paradis.

Le seul remords qui me poursuit encore aujourd'hui, c'est qu'à aucun moment, durant ce bref séjour au Vietnam, je n'ai eu le réflexe ni l'idée de faire rechercher ma mère. Des gens qui l'ont connue et revue me racontent qu'en 1975, dès les premiers jours de l'exode, elle était sortie de Phnom Penh vers le sud-ouest en direction de la frontière vietnamienne et avait atterri à Tay Ninh, une province limitrophe du Cambodge. Mais je l'ignorais complètement ; je pensais qu'elle aussi avait été embarquée dans l'enfer khmer rouge ; et que la retrouver serait impossible. Plus tard, à Paris, j'ai appris avec douleur qu'elle était décédée d'une crise cardiaque environ un mois après mon passage au Vietnam, en décembre 1979. En arrivant à la frontière khméro-vietnamienne en cyclo-pousse, je suis passée tout près d'elle, sans le savoir... Pourquoi la vie est-elle si cruelle ? Je m'en voudrai jusqu'à la fin de mes jours de n'avoir rien tenté. Je ne peux nier qu'à ce moment-là je me suis polarisée sur mon propre sort. Je n'avais qu'une idée fixe : partir, vite, quitter cet enfer, décamper, déguerpir, décoller…

L'envol

Nous ne sommes guère équipés pour ce grand voyage vers notre nouvelle vie. Cécile m'offre une valise Samsonite avec quelques affaires de toilette, tandis que le consul lui demande de nous trouver des vêtements chauds, car nous allons arriver en France en plein mois de novembre. Elle m'achète donc au marché de la rue Catinat un gilet en laine tricoté main, que je conserve encore précieusement aujourd'hui en souvenir. Jean-Jacques hérite d'un pull-over et de quelques vêtements appartenant au mari de mon amie, ainsi que d'une petite calculette, avec fonctions de montre et de réveil musical, qui fait son bonheur. Je ne possède rien d'autre que nos billets d'avion, les quelques dollars et le ticket de métro offerts par mes bienfaiteurs du CICR. Je cache soigneusement cet argent dans l'ourlet du pantalon que je porte sur moi, car il paraît que les douaniers vietnamiens, très méticuleux, fouillent de la tête aux pieds tous les voyageurs quittant le pays et leur confisquent tout objet de valeur.

15 novembre 1979, le jour J arrive. Le consul et le directeur de l'agence Air France à Hô Chi Minh-Ville nous accompagnent à l'aéroport. Beaucoup de Vietnamiens sont en partance pour Paris, et tout en faisant la queue, je constate *de visu* le zèle excessif des douaniers, qui fouillent chaque passager, vident le contenu des valises, palpent, soupèsent chaque objet. J'ai un moment de panique en pensant à l'ourlet du pantalon. Au fur et à mesure que nous approchons du guichet d'embarquement, je ne me sens pas très rassurée. Le consul prend mes billets d'avion et les tend à l'agent derrière le guichet d'enregistrement, ainsi que nos passeports, qu'un douanier examine longuement. Silence de plomb. Plusieurs minutes passent qui me paraissent un siècle. J'ai l'impression que le monde s'est arrêté de tourner. Puis, deux grands coups de tampon, le fonctionnaire nous dévisage Jean-Jacques et moi et nous fait signe de

passer avec un sourire courtois, sans même regarder la valise que le consul fait doucement glisser sur la table. Quelle surprise ! Mais quel soulagement aussi !

Je remercie alors très chaleureusement mes accompagnateurs pour leur gentillesse et leur précieuse assistance, et nous voici en zone de transit, entre deux mondes... Je ne connais la France que par les livres et les professeurs d'histoire et de géographie qui m'ont fait répéter tant de fois « nos ancêtres les Gaulois » ! En ce qui me concerne, je suis un pur produit du colonialisme et du métissage.

En montant à bord du Boeing 747 qui doit nous emporter vers notre nouvelle destinée, je réalise tout à coup que je vais définitivement quitter cette partie du monde, où j'ai vécu trente-cinq années de ma vie, pleine de souvenirs doux-amers, pour l'inconnu total. Je suis soudain envahie par des sentiments contradictoires : nostalgie, soulagement, sérénité aussi car nous sommes libres comme l'air et en sécurité, mais aussi angoisse et inquiétude. Je ne fais pas part à Jean-Jacques de mes craintes, mais j'appréhende ce qui nous attend, car, pendant quatre ans, j'ai été coupée de tout et je me demande comment je vais réussir à m'intégrer dans une société que je vais découvrir. D'autant plus qu'avant de quitter Phnom Penh un membre de la délégation du Secours populaire m'a formellement mise en garde : « Que feras-tu en France, Denise ? Il y a un million de chômeurs en ce moment. Moi, à ta place, je resterais au Cambodge il y a tant à faire. » Bien sûr, moi aussi j'ai beaucoup à faire, mais plus jamais ici où j'ai vécu tant de choses douloureuses... Je me dis que j'ai encore assez de force physique et morale pour aller de l'avant. Après avoir tant lutté pour survivre, trouver du travail ne me fait pas peur. Je ferai des heures de ménage ou balaierai les rues, s'il le faut ! Je prie seulement le Bon Dieu pendant que l'avion décolle de me donner la santé nécessaire pour continuer le combat.

Pendant toute la durée du vol, on nous traite comme des princes. Un passager australien, parfaitement au courant de mon histoire et avec qui je lie conversation, m'offre même une coupe de champagne pour fêter la découverte de mon pays. Jean-Jacques, toujours silencieux, se contente d'observer, l'air heureux et soulagé. Il mange avec appétit toutes les bonnes choses qu'on lui sert. Les hôtesses nous offrent quelques cadeaux-souvenir et proposent des jeux à Jean-Jacques pour passer le temps.

À Bangkok, je leur sers d'interprète pour annoncer aux Vietnamiens ne comprenant pas le français que l'escale durera une heure, mais qu'ils n'auront pas le droit de descendre. Seuls les Européens et les passagers d'autres nationalités y sont autorisés. Mon fils et moi en profitons donc pour faire quelques emplettes avec les précieux dollars du CICR que j'ai sortis de mon ourlet après le décollage.

La deuxième escale se fait à Abu Dhabi. Je ne sais pourquoi, mais l'évocation de ce nom, tout comme celui de Dubay, me rappelle les rêves que j'échafaudais dans mon enfance pauvre et orpheline. Cette fois nous ne quittons pas l'avion. Je regarde par le hublot, impressionnée par cette étendue de sable qu'on aperçoit au loin. C'est la première fois que je vois le désert, et la première fois aussi que je vois monter dans l'avion des passagers arabes tout de blanc vêtus avec leur voile sur la tête. Je découvre un nouveau monde.

16 novembre 1979. 11 heures. L'avion atterrit à Roissy-Charles-de-Gaulle. Le pilote annonce « température extérieure :

2°C, et chutes de neige ». Étrangement, à notre arrivée, aucun contrôle douanier ou de police, nous passons comme une lettre à la poste. Et, heureuse et formidable surprise, toute la famille, prévenue par le Quai d'Orsay, est là pour nous accueillir, avec de gros manteaux : mon frère aîné, Henri, avec ses cinq garçons, mon frère Bernard, et ma sœur Lydie avec son mari Gilbert. C'est ma famille de l'étranger, ma famille « étrangère » que je rencontre pour la première fois, excepté Lydie. Nous allons devoir apprendre à nous connaître. Tous se montrent adorables, très accueillants, et prêts à nous aider et à nous soutenir moralement. Je foule le sol français en me demandant ce qui nous attend, mais je songe aussi que cela ne pourra pas être pire que ce que nous avons vécu. Je me sens comme sur un nuage et n'arrive pas encore à réaliser que j'ai atteint mon objectif : j'ai quitté le Cambodge.

Sur le chemin qui nous ramène chez mon frère à Plaisir, la neige tombe dru. C'est la première fois que nous voyons la neige, Jean-Jacques et moi. Le lendemain de notre arrivée chez Henri, elle continue de tomber en légers flocons. Jean-Jacques sort dans le jardin en pyjama, pieds nus, et ouvre grand la bouche pour goûter aux flocons blancs, sous le regard ahuri et amusé de ses cinq cousins…

Je me souviens aussi de ma stupéfaction devant la gamelle du chien de la maison. Peu de jours après notre arrivée, je regarde, un matin, ma belle-sœur préparer une casserole de riz avec des carottes, des poireaux et de gros morceaux de bœuf, persuadée que ce repas est destiné à la famille. Quand j'apprends que le bourguignon est pour le chien, je manque tomber à la renverse. Au Cambodge, en temps normal, les chiens étaient nourris avec les restes des repas… Mon étonnement et mon air scandalisé provoquent l'hilarité de tous et de ma belle-sœur en particulier !

Au bout d'une semaine, je suis convoquée par le cabinet du ministre des Affaires étrangères. Reçue par un conseiller technique, je lui raconte le drame que je viens de vivre, et lui fais part de ma reconnaissance envers les Vietnamiens. Je voudrais que le monde entier soit au courant des horreurs survenues au Cambodge et que l'opinion publique sache que sans l'intervention du Vietnam, tous les Cambodgiens auraient été éliminés. Le conseiller semble faire l'impasse sur le sujet et me fait gentiment comprendre que, pour le moment, je ne dois plus me polariser sur toutes ces questions, qu'il vaut mieux que j'essaie d'oublier, que je m'occupe de ma santé et que je retrouve un travail. Et justement, le département va m'aider à me recaser au sein de la « grande maison ». Je suis très touchée par toutes ces attentions, mais je ne comprends pas pourquoi je ne peux pas faire l'éloge de mes sauveteurs vietnamiens. Aujourd'hui, avec le recul et en relisant les archives de presse sur cette période, je constate les avis partagés de la communauté internationale sur la question. Tout cela relève de la politique et je n'ai pas envie de mélanger les choses…

En attendant de retrouver un travail, je m'occupe donc en accompagnant une religieuse que j'ai rencontrée à Phnom Penh, sœur Françoise Vandermersch, responsable de l'association Échanges-revues pour le Vietnam-Laos-Cambodge, à des réunions d'information destinées aux Français sur les faits qui se sont déroulés dans les rizières cambodgiennes. Un jour de décembre, elle m'emmène à Guémené-Penfao, un petit village dans les environs de Nantes. J'ai pour mission de raconter ce que j'ai vécu, et d'expliquer comment je m'en suis sortie avec l'aide des Vietnamiens. À la fin de la soirée, un prêtre aux yeux bleus et en soutane s'approche de moi et me murmure à l'oreille, dans un parfait cambodgien : « Ma petite, je vous conseille de ne plus jamais raconter ce que vous venez de dire ici ce soir. Faites très attention à l'avenir, sinon... il pourra vous arriver des ennuis. » Puis il disparaît. Paniquée, et en dépit des paroles rassurantes de Françoise, je décide de ne plus l'aider dans son œuvre.

L'attitude du conseiller technique du ministère des Affaires étrangères et la mise en garde de ce mystérieux prêtre m'ont profondément inquiétée, la psychose d'angoisse créée par le régime que je viens de subir fera le reste. Je me tairai, du moins en public, pendant plus de vingt ans... jusqu'à aujourd'hui.

Deux semaines après notre arrivée, Henri inscrit Jean-Jacques au collège de Plaisir. À quinze ans, il devrait être en troisième. Or il est obligé de redémarrer, avec une dérogation, en sixième. À la maison ses cousins l'aident beaucoup et à la rentrée suivante il arrivera à suivre le programme de cinquième malgré ses quatre années de retard. Il va lui falloir mettre les bouchées doubles.

D'autres soucis matériels m'attendent maintenant. Je n'ai pas encore de travail et afin de pouvoir bénéficier d'une assurance médicale pour nous deux, je dois m'inscrire dans un foyer d'accueil pour les Français de l'étranger, et je ne peux pas y emmener Jean-Jacques. Je le laisse donc à Plaisir aux soins de mon grand frère Henri. Nouvelle séparation, provisoire cette fois-ci. Jean-Jacques n'a pas l'air très rassuré, mais je lui explique les raisons de cette démarche, en lui assurant que je reviendrai tous les week-ends. Je le sais bien entouré avec ses cinq cousins.

Me voilà donc embarquée dans une nouvelle expédition. Le Centre des Français de l'étranger me dirige vers le centre de transit de Sarcelles pour une première nuit, le temps qu'on me trouve une chambre dans un foyer de la région parisienne. Je me revois encore, ce triste soir de décembre brumeux où j'arrive au foyer, accueillie de façon glaciale par des responsables féminines me toisant de la tête aux pieds, et qui, afin de me donner un manteau et une paire de chaussures, me demandent abruptement : taille ? pointure ? Or, débarquant d'un pays où vêtements et chaussures se font sur mesure, je suis incapable de préciser à mes nouvelles compatriotes tous ces détails. Résultat : elles me refourguent ce qui leur tombe sous la main. Un peu plus tard, après un dîner frugal et solitaire dans la cantine du foyer, je me promène tristement dans les rues désertes de Sarcelles, seule, avec en guise de manteau une robe de chambre en laine couleur marron, trop grande et trop longue, et aux pieds une paire de chaussures de pointure 40… J'ai l'air d'une SDF qu'on vient d'habiller à la va-vite…

Le lendemain, je suis transférée au foyer de Montigny-lès-Cormeilles, dans le Val-d'Oise, où je resterai trois semaines. On m'attribue une chambre équipée d'un lavabo, d'un lit, d'une table et d'une chaise. Les toilettes, la douche et la cuisine sont communes. Avec les trente francs d'allocations que je reçois par jour, je me nourris de pain, de camembert et de bananes… La situation est plus triste que jamais, mais il me faut passer par cette épreuve pour bénéficier d'une assistance en matière de soins médicaux et d'une aide dans la recherche d'un emploi. De toute façon, c'est mille fois mieux que ma paillote de Loti-Batran. Et Henri ne m'abandonne pas. Le vendredi soir, il vient me chercher pour passer le week-end avec Jean-Jacques et le reste de la famille.

Je dois avouer qu'en dépit de ma gratitude envers la France, ma terre d'asile, mon moral du moment est au plus bas. Mais je ne me laisse pas abattre, même si l'univers idyllique qui m'a toujours fait rêver, et qui fait encore rêver tant d'êtres humains du tiers-monde, n'est en fait qu'un miroir aux alouettes, car il faut travailler dur, se battre quotidiennement pour ne pas être englouti, pour se faire accepter et parvenir à s'intégrer. Lutter ? Je ne fais que ça depuis 1975, un peu plus ou un peu moins…

Aussi, je ne veux pas et ne peux pas rester inactive trop longtemps. Une semaine après mon arrivée au foyer, je me mets en quête d'un emploi au grand dam du chef du Centre qui ne comprend pas mon empressement. Je décide de m'adresser à mon dernier employeur à Phnom Penh, la Direction générale des relations culturelles du ministère des Affaires étrangères, même si je n'étais que recrutée locale en 1974. La réponse ne se fait pas attendre, absolument décourageante. Le directeur général me conseille de façon très paternaliste, et au vu de mes diplômes et références, il ne peut que me suggérer de me présenter à des concours de catégorie A ou B du ministère. Pour quelqu'un ayant grandi et fait ses études en France, le mot « concours » a un sens, mais pour quelqu'un qui y met pour la première fois les pieds, sortie tout droit de la forêt, cela n'est guère évident. J'apprends par la suite que pour passer un concours, il faut suivre au préalable une formation spécifique, en un mot se remettre à étudier. Or, dans ma situation, la priorité est de trouver un travail car je n'ai pas un centime d'économie.

Désespérée par cette réponse, je prends mon courage à deux mains et écris au président de la République, M. Valéry Giscard d'Estaing, pour lui exposer ma situation. Ce dernier répond sans tarder à mon courrier, m'informant qu'il a demandé au ministère des Affaires étrangères de réexaminer mon dossier. Je revois encore la tête ahurie de mon frère lorsqu'il a ouvert la porte au gendarme m'apportant la lettre de l'Élysée, car je ne l'avais pas mis au courant de ma démarche. Grâce à sa précieuse intervention, j'ai réussi à émerger du gouffre. Michel Deverge, mon ancien chef de l'ambassade de France à Phnom Penh avec qui je n'avais travaillé que quelques mois, n'a pas hésité à me faire un don de mille francs, une somme énorme à l'époque, dès qu'il a appris mon retour de l'enfer. Il a aussitôt parlé de moi à ses amis qui m'ont également envoyé des dons. Toutes ces aides très précieuses m'ont permis de me remettre peu à peu à flot.

Quelques semaines plus tard, je suis donc convoquée par la direction du personnel du ministère des Affaires étrangères où, après avoir passé un test de dactylographie, on me propose un contrat à durée déterminée de secrétaire dactylographe. J'accepte sans faire la fine bouche. Je suis trop contente d'avoir du travail. Mais la situation n'est pas très rassurante, car la responsable de la Direction des ressources humaines, n'ayant pas beaucoup apprécié ma démarche auprès de l'Élysée, me rappelle à chaque instant que mon contrat risque de ne pas être renouvelé, car ils attendent l'arrivée d'un certain nombre de lauréats issus du dernier concours.

Paniquée mais tenant à ce précieux travail, je décide d'apprendre la sténographie. Là encore, cela s'avère être un véritable parcours du combattant. En effet, le ministère dispense des cours, mais seulement aux personnes ayant déjà acquis la méthode, ce qui n'est pas mon cas. Or, avec un salaire de sept cents francs, je suis dans l'incapacité matérielle de m'offrir une formation complète chez Pigier qui coûte trois mille cinq cents francs. Je me rends donc chez Gibert Jeune où j'achète d'occasion la méthode de Prévost-Delaunay. Dès lors, je m'y attelle sans relâche, chaque soir jusqu'à minuit-1 heure du matin et chaque week-end, travaillant assise par terre, avec en guise de bureau des cartons vides, car le HLM que je viens d'obtenir au Val d'Argenteuil est encore aux trois quarts vide. Le foyer nous a généreusement offert deux petits lits en fer, deux matelas, des draps blancs, deux couvertures et deux oreillers ainsi que deux verres, deux assiettes, deux jeux de couverts, une casserole, une poêle, une cuvette, un seau en plastique, une balayette, une pelle et une gazinière. Un véritable luxe ! J'ai vécu ainsi pendant un an, économisant centime par centime, avant de pouvoir m'équiper davantage, le seul extra que je me suis offert est une petite radio cassette pour faire mes gammes de sténo. Pour notre garde-robe, je récupère les vêtements offerts par les amis de la famille, sans trop me soucier de mon apparence.

Après six mois de travail acharné, je boucle enfin la méthode. Il me reste maintenant à acquérir la vitesse. Pour ce faire, j'adresse une demande au service de formation du ministère. Mais le responsable me dévisage d'un air moqueur lorsque je lui avoue que je viens tout juste de finir la méthode. J'entends encore sa réponse acerbe : « Savez-vous que les cours sont réservés aux élèves ayant au minimum 60 à 70 mots/minute ? Comment ferez-vous pour suivre si vous n'avez aucune vitesse ? Vous allez retarder tout le monde ! » Sans me laisser démonter, je le supplie d'accepter mon inscription tout en lui promettant que je ferai tout pour ne pas perturber le cours. Peu convaincu, il me donne toutefois une chance. Les premiers cours sont très difficiles à suivre. Heureusement, la formatrice se montre gentille et compréhensive. Elle accepte de me prêter des cassettes de dictée que j'écoute et réécoute tous les soirs, tout en essayant de retranscrire en sténo.

Au bout de six autres mois de travail intensif, je peux enfin m'inscrire au premier concours de sténo-dactylographe. Première tentative, premier échec. Puis, la troisième fois, un an et demi plus tard, j'obtiens enfin le fameux concours et la titularisation. Je suis toute fière et surtout très soulagée. Me familiarisant peu à peu avec les rouages du ministère, je finis aussi par comprendre ce que signifie un concours et désormais je n'arrêterai plus de concourir pour améliorer ma situation. Avec mon salaire d'un agent de catégorie C, j'arrive à vivre correctement, mais pour embellir le quotidien et offrir un petit plus à Jean-Jacques, je n'hésite pas à faire des travaux de dactylographie à domicile tous les soirs, et à assurer, le samedi matin, des permanences au Quai d'Orsay. Et ce pendant près de dix ans.

À première vue, si ce quotidien semble difficile, cela ne représente rien comparé à l'enfer que j'ai traversé. Et puis, nous avons retrouvé une famille qui nous apporte un grand réconfort moral. Mon frère Henri aide énormément Jean-Jacques dans ses études, et ce dernier finit par l'adopter comme le père qu'il a perdu trop tôt. Quelques années plus tard, en avril 1986, nous subissons malheureusement un nouveau et terrible choc émotionnel avec le décès brutal d'Henri, terrassé par une crise cardiaque au cours d'une soirée entre amis. Sur le moment, Jean-Jacques manquera d'étrangler le médecin du SAMU, ne comprenant pas qu'il soit incapable de sauver son oncle. Il restera longtemps abattu par ce nouveau deuil, et plus secret que jamais sur ses émotions...

Il continue cependant de travailler d'arrache-pied à l'école, sans se plaindre, aidé par ses cousins et quelques professeurs charitables habitant dans le voisinage, et réussit petit à petit à rattraper son retard et à poursuivre un cycle scolaire normal. En luttant contre vents et marées, comme il a lutté dans les camps, il arrive aujourd'hui à se faire une petite place au soleil.

Oui, il n'y a pas de doute, en novembre 1979 je suis vraiment heureuse de voir mon fils, ce garçon de quinze ans déjà si mûr, reprendre le chemin de l'école et la vie normale des jeunes de son âge, heureuse de retrouver un travail, une famille, la santé et des forces, heureuse d'être libre, heureuse tout simplement... Et je serai toujours reconnaissante à la France de nous avoir accueillis et offert une vie meilleure.

J'ai quitté le tiers-monde, avec son cortège de malheurs et de misères. J'y ai laissé les plus belles années de ma vie pour ressusciter dans une société d'une tout autre dimension, une société impitoyable avançant à cent à l'heure, où il faut se défendre tous les jours, lutter en permanence, relever des défis à chaque instant pour vivre tout simplement.

Une autre forme de combat…

Conclusion

Voilà vingt-cinq ans que je suis chez moi, en France.

J'ai tourné la page, une nouvelle vie s'est imposée à moi, car il m'a fallu lutter pour m'insérer. La fonction publique m'a offert cette deuxième chance. Après dix ans passés à l'administration centrale du ministère des Affaires étrangères, j'ai trouvé un poste de secrétaire bilingue à l'Institut d'études de sécurité, aujourd'hui agence de l'Union européenne. En plus d'être française, je me sens maintenant européenne à part entière.

J'ai rencontré Robert, un Suisse alémanique vivant à Paris, mon mari depuis 1994. Il a adopté ma famille, Jean-Jacques et sa fille Aurélie Phou, sur qui je reporte tout l'amour que je n'ai pu prodiguer à ma regrettée Jeannie.

À travers ce livre, j'ai voulu me faire témoin à charge du régime monstrueux des Khmers rouges et rendre hommage à mes libérateurs, les soldats de l'armée régulière vietnamienne en guerre contre l'idéologie la plus sanguinaire de l'époque, le communisme d'obédience maoïste inspirateur de Pol Pot.

Malheureusement, les cris, qu'ils soient de haine ou de désespoir, ne font pas revivre les disparus. Je prie seulement pour que leurs âmes reposent en paix. Ils sont toujours avec moi, au fond de mon cœur où j'ai enfoui, loin des turbulences, tous ces souvenirs.

Chronologie

1863 Mise en place du protectorat français sur le Cambodge.

1941 Le prince Norodom Sihanouk, 18 ans, devient roi du Cambodge.

1953 Le Cambodge, monarchie constitutionnelle, obtient son indépendance et devient un État souverain.

1965 Fin des relations diplomatiques entre les États-Unis et le Cambodge. Sihanouk accorde aux Viêt-cong (communistes nord-vietnamiens) le droit d'établir des sanctuaires à l'intérieur des frontières cambodgiennes, à l'abri des frappes américaines.

1969 Avec l'appui non formel de Norodom Sihanouk, les États-Unis attaquent les bases communistes vietnamiennes installées à l'intérieur des frontières du Cambodge.

1970 En l'absence de Norodom Sihanouk, en visite officielle à l'étranger, le général Lon Nol, Premier ministre de Norodom Sihanouk, organise des manifestations anti-nord-vietnamiennes et tente d'accroître la colère de la population envers les communistes.

18 mars, Lon Nol, avec l'appui des États-Unis, organise un coup d'État pour destituer Norodom Sihanouk de ses fonctions de chef d'État. Proclamation de la République Khmère.

Avril : Création de camps de concentration pour regrouper les Vietnamiens de Phnom-Penh.

1971 Début des pogroms contre les résidents vietnamiens soupçonnés d'héberger des soldats communistes vietnamiens, en particulier dans les provinces de Kompong Speu et Kompong Thom. Ces massacres sont dirigés par les troupes gouvernementales.

1975 17 avril : les Khmers rouges entrent dans Phnom-Penh et prennent le contrôle de la capitale. Les habitants sont en liesse, mais leur joie fut de courte durée ; les Khmers rouges procèdent à l'évacuation de la ville, instaurent la République démocratique du Kampuchea sous la direction de l'Angkar, et déclenchent un génocide qui fera près de 2 millions de morts.

1979 7 janvier : le régime des Khmers rouges est renversé par les Vietnamiens. Proclamation de la République populaire du Cambodge. Les Khmers rouges prennent le maquis.

1989 Fin de l'occupation vietnamienne : les troupes se retirent.

1991 Mise sous tutelle du Cambodge par les Nations unies. Création de l'Autorité provisoire des Nations unies au Cambodge (APRONUC). Retour de Norodom Sihanouk au Cambodge après treize ans d'exil. Il est proclamé chef de l'État.

1993 Septembre : la monarchie est rétablie, Norodom Sihanouk remonte sur le trône.

1996 Un dirigeant khmer rouge, Ieng Sary, et plusieurs milliers de ses partisans se rallient au régime de Phnom-Penh

1997 Juin : réfugié dans la jungle, Pol Pot est écarté des instances dirigeantes des Khmers rouges par une faction dissidente. Il est jugé et condamné à la prison à vie par ses anciens lieutenants.

Juillet : Coup d'État de Hun Sen qui évince du pouvoir le fils du roi, Norodom Ranariddh.

1998 Avril : mort du dictateur Pol Pot.

Juillet : avec les nouvelles élections législatives, Hun Sen garde le pouvoir.

Décembre : les dirigeants khmers rouges Khieu Samphan et Nuon Chean se rallient au gouvernement de Hun Sen.

1999 Mars : arrestation de l'ancien chef militaire khmer rouge, Chhit Choeun, *alias* Ta Mok.

Avril : le Khmer rouge Kaing khek Iev, *alias* Duch, ancien directeur du centre de torture de Tuol Sleng à Phnom-Penh est arrêté.

Septembre : Ta Mok et Duch sont inculpés de génocide.

2000 Après des mois de négociations, le gouvernement cambodgien et l'ONU se mettent d'accord sur la mise en place d'un tribunal chargé de juger les anciens chefs khmers rouges.

2001 L'Assemblée nationale adopte un projet de loi instaurant un tribunal spécial mixte composé de magistrats cambodgiens, mais aussi d'autres nationalités, pour juger les anciens khmers rouges.

2003 Signature d'un accord entre l'ONU et le gouvernement cambodgien sur le procès des Khmers rouges.

2004 Octobre : Norodom Sihanouk abdique en tant que roi du Cambodge.

2006 Inauguration du tribunal spécial pour juger les anciens dirigeants khmers rouges : il réunit 30 magistrats : 17 juges cambodgiens et 13 juges internationaux.

Juillet : Décès de Ta Mok, ancien chef militaire khmer rouge qui devait comparaître devant le tribunal.

2007 Nouveau retard du processus judiciaire contre les Khmers rouges : les 13 juges internationaux qui doivent y siéger refusent les conditions proposées par la justice cambodgienne pour la poursuite en bonne et due forme du processus.

Fin 2007, arrestation des derniers acteurs du régime Khmer rouge : Ieng Sary, ancien ministre des Affaires étrangères et son épouse, et Khieu Samphan, un des anciens dirigeants Khmers rouges.

Remerciements

Je tiens à remercier tout particulièrement David Chandler pour ses encouragements, et à lui exprimer toute ma profonde reconnaissance. Je remercie également mon amie Colette Ledannois, sans qui ce livre n'aurait pas vu le jour ; Martine Legrand pour sa collaboration ; Cécile Benoliel ; M. Valéry Giscard d'Estaing ; M. Michel Deverge ainsi que tous ses amis ; et, bien entendu, ma famille française.

Table des matières

Achevé d'imprimer
en mars 2008
par Printer Industria Gráfica
pour le compte de France Loisirs, Paris

Numéro d'éditeur : 51271
Dépôt légal : mars 2008
Imprimé en Espagne